中国历史的主流趋势

王兆雷◎著

人民日报出版社

图书在版编目(CIP)数据

中国历史的主流趋势 / 王兆雷著.
—北京：人民日报出版社, 2014.8
ISBN 978-7-5115-2732-5

Ⅰ.①中… Ⅱ.①王… Ⅲ.①中国历史
—史评 Ⅳ.①K207

中国版本图书馆 CIP 数据核字(2014)第 180057 号

书　　名：中国历史的主流趋势
作　　者：王兆雷

出 版 人：董　伟
责任编辑：程文静
封面设计：金　刚

出版发行：人民日报出版社
社　　址：北京金台西路 2 号
邮政编码：100733
发行热线：(010)65369527　65369512　65369509　65369510
邮购热线：(010)65369530
编辑热线：(010)65363530
网　　址：www.peopledailypress.com
经　　销：新华书店
印　　刷：北京鑫瑞兴印刷有限公司

开　　本：710mm×1000mm　1/16
字　　数：185 千字
印　　张：13.5
印　　次：2014 年 9 月　第 1 版　　2014 年 9 月　第 1 次印刷

书　　号：ISBN 978-7-5115-2732-5
定　　价：35.00 元

少抱怨　多践行

孔子作春秋，乱臣贼子惧。中国人的历史情怀就是害怕身后留下骂名。所以，中国是世界上最注重历史学习的国家。一部二十四史，不知从何说起。实际的历史意义就是：历史一直以来都是抑恶扬善，褒贬是非。历史呈现的特点无非治乱盛衰。如何达到长治久安是历朝历代中央政府都在思考的重大课题。

用习近平主席在布鲁日欧洲学院演讲时讲到的：1911 年，孙中山先生领导的辛亥革命，推翻了统治中国几千年的君主专制制度。旧的制度推翻了，中国向何处去？中国人苦苦寻找适合中国国情的道路。君主立宪制、复辟帝制、议会制、多党制、总统制都想过了、试过了，结果都行不通。最后，中国选择了社会主义道路。在建设社会主义实践中，我们有成功也有失误，甚至发生过严重曲折。改革开放以后，在邓小平先生领导下，我们从中国国情和时代要求出发，探索和开拓国家发展道路，形成了中国特色社会主义，提出要建设社会主义市场经济、民主政治、先进文化、和谐社会、生态文明，维护社会公平正义，促进人的全面发展，坚持和平发展，全面建成小康社会，进而实现现代化，逐步实现全体人民共同富裕。独特的文化传统，独特的历史命运，独特的国情，注定了中国必然走适合自己特点的发展道路。我们走出了这样一条道路，并且取得了成功。

纵观近代一百多年的历史可谓沧桑巨变，一百年以来，为了实现复兴之路，我们刚开始学习德国，日本，后来学习英国，法国，美国，后来又学习德国，意大利，苏联，美国。西方的我们学习了一个遍。要知道，几千年的历史和传统已经是一种深入血液的文化和生活方式，不是简单的要否定的问题。这就是近代中国知识分子最大的痛苦和困惑所在。到现在，我们才发现，我们发展中的问题世界上没有哪个国家的制度和管理方法能给答案。只有我们自己从五千年的历史智慧中去求索。结合现代政治文明的有益成分才是正路。历史已经证明外来的都会有水土不服和血型不对的严重问题。

五千年的历史走到今天，从中国共产党建国到今天65年，在人类历史的长河中，只是弹指一挥间。但是，从1978年到2014年，虽然只有短短的36年，中国却发生了天翻地覆的变化，经济总量一举超越日本，跻身世界第二。这一切都源于改革开放。从这一历史事实上讲我们可以自信：道路自信，理论自信，制度自信和文化自信。可是，有一句魔咒般的话，却与这36年如影相随：拿起筷子吃肉，放下筷子骂娘。碗里的肉越来越多，人们的不满情绪却在不断发酵、蔓延。当人们耳闻目睹妇产科大夫买卖婴儿、法官嫖娼时，孰能淡定地埋头吃肉？更不用说，当官员贪腐、商人造假、学者剽窃的丑闻屡屡进入人们的视野，甚至见怪不怪的时候，谁能安心享受碗里的佳肴？

所幸的是，社会正义还在，天理良心还在，历史的责任和召唤还在。中华历史已经证明：悲观、牢骚、抱怨、沉沦不应该成为社会的主流，社会治理走向公平正义是政治的核心价值观。文人别无长物，唯有一腔热血、一支秃笔，力争为这个社会转型时代说点什么、做点什么；位卑不敢忘忧国，努力成为中华民族伟大复兴的见证者和建设者。社会的理想状态应该是：文明有序，相互关爱。这也算是有担当的知识分子对社会建设做出的一点微薄之力！

兆雷兄的文集即将付梓，邀请我作序。作为朋友，义不容辞。是为序。

郭星华

于中国人民大学科研楼

2013 年 8 月 10 日

郭星华：著名法律社会学教授，中国人民大学社会与人口学院党委书记兼副院长

目录

CONTENT

目录

CONTENT

当隋文帝的部队已经打到建业的军情报告送到陈后主的手里时，陈后主竟然看都没看就扔到一边，继续喝酒。他的代表作《玉树后庭花》后来被称为亡国之音。诗中写道：花开花落不长久，落红满地归寂中。在陈后主身上共发生两个典故：落井下石和绝无心肝。落井下石典故讲的是隋朝军队攻入建业（南京）时，陈后主和爱妃躲到枯井中，隋朝的士兵对着枯井喊道：如果不出来，就向井里扔石头。陈后主投降。绝无心肝是指陈后主投降后，不思亡国之痛，整天喝酒作艳词，烂醉如泥。隋文帝评价陈后主曰：绝无心肝。

唐庄宗本人有一个爱好，喜欢看戏演戏，等功成名就后，就成天和伶人在一起穿着戏装，有时还登台演出，自娱自乐，乐在其中。他还给自己起了一个艺名：李天下。有了这种皇帝，政治的治理水平就可想而知了。更为荒唐的是，唐庄宗对于自己喜欢的伶人还要封他们当刺史。手下忠臣劝谏：新朝刚刚建立，跟陛下一起出生入死的将士还没有得到封赏，如果让伶人去当刺史，恐怕大家不服。然而，唐庄宗依然我行我素。

根据黄宗羲《明夷待访录》中的记载，元朝的法律规定：蒙古人可以殴打汉人，汉人不能还手。蒙古人殴打汉人致死，判罚蒙古人当兵打仗。有制定这样法律的政权，加之各级执政者争相腐败，政权的瓦解只是一个时间的概念。

钱穆在《国史大纲》中有一段著名的论述：一个政权的生命，必须依赖于某一种理论的支撑。此种理论同时即应是正义。正义授予政权以光明，而后此政权可以绵延不倒。否则，此政权将为一种黑暗的势力，黑暗根本无可存在，必趋消失。

光绪皇帝实际上是一个被架空的皇帝，没有军事权和人事任命权。

目录

CONTENT

目录

|CONTENT|

目 录

CONTENT

目录

|CONTENT|

目录

CONTENT

目录

| CONTENT |

第一部分

开创时期的历史经验

- 千古一帝——秦始皇
- 论泰山气象——评汉武帝与唐太宗
- 大政治家的风度——宋神宗
- 大明王朝的开创者——明太祖朱元璋

千古一帝——秦始皇

明代大思想家李贽评价秦始皇："始皇帝，自是千古一帝也。始皇出世，李斯相之。天崩地坼，掀翻一个世界。是圣是魔，未可轻议。秦始皇是千古英雄挣得一个天下。"要写秦始皇的千秋功过我们写不过拥有史家之绝唱美誉的《史记》作者司马迁。还有毛泽东称为西汉第一雄文——《治安策》的作者贾谊名作《过秦论》。对秦始皇的评论也足以让我们学习很久才能领悟其中的道理。秦始皇十三岁即王位，三十九岁称皇帝，在位三十七年。中国历史上首位完成华夏大一统的人物，建造了第一个多民族的中央集权国家，采用三皇之"皇"、五帝之"帝"构成"皇帝"的称号，是古今中外第一个称皇帝的君主。

实施书同文，车同轨，统一货币，度量衡。对外北击匈奴，南征百越，修筑万里长城，修筑灵渠，沟通水系。建立第一个多民族中央集权制度。对中国和世界历史产生了深远影响，奠定中国两千余年政治制度的基本格局。秦始皇废除分封制以后，建立了一套自中央到地方的郡县制和

明代大思想家李贽评价秦始皇："始皇帝，自是千古一帝也。始皇出世，李斯相之。天崩地坼，掀翻一个世界。是圣是魔，未可轻议。秦始皇是千古英雄挣得一个天下。"

官僚制。

中央政府最高的官僚是丞相、御史大夫和太尉，亦称“三公”。地方郡的长官为守，县的长官为县令（这种称谓一直延续到清朝）。郡县制初步打破了血缘关系的宗法制，封建制。郡县制和官僚制代替了自周朝到春秋战国时代贵族的世袭制。秦始皇灭六国后，采纳李斯的建议，废除分封制，改成郡县制。地方行政机构分郡、县两级。秦王朝建立的这套中央集权的政权机构，以后一直被历代王朝所仿效。真可谓：百代皆行秦政治。郡县制，天下安，成为历代朝廷追求的治理模式。由分封制到郡县制可是历史的一大进步。

我们研究历史，关键在于领略一种敬畏历史的精神。这种精神，大到治国，宋神宗认为：《资治通鉴》一书“鉴于往事，有资于治道”。即以历史的得失作为鉴诫来加强治国理政。小到我们个人做人，如何做一个堂堂正正的人。如果人人都有这种想做好人，愿做善事的想法，那么，社会就会变得十分和谐。一个民族有没有希望？都可以从这个民族以往的历史足迹上去洞察，研判，深思，提炼，践行，总结。这就是研究历史意义的价值所在。今天就是明天的历史。所以，我们应该敬畏历史，敬畏历史，就得敬畏今天，敬畏今天，就得敬畏做人。大至历史，小到做人，盖莫如此！

以下对秦始皇的评论可谓有一定的代表性。范晔在《后汉书》中写到：“汉承秦制”。现代的著名史学家黄仁宇认为：“秦始皇的残酷无道达到离奇之境界，如何可以不受谴责？可是他统一中国的工作，用这样长远的眼光设计，又用这样精到的手腕完成，又何能不加仰慕？”这里黄教授所说的仰慕，大概是因为秦始皇创立的中央集权制以及统一文字而使中华民族几千年以来的文化从来没有中断的原因所发的感慨。在世界四大文明古国之中，唯独中华文化一脉相连，源远流长，从没有中断过，发扬光大。另外三大文明古国文化早已中断。这在世界上是一个伟大的奇迹。现在在欧洲，教希腊语文的老师看不懂柏拉图用古希腊文写的书。同样在英国，英语老师看不懂莎士比亚的剧本，需要查字典。而我们教孩子学习《论语》，张口就可以解释，比如：三人行，必有我师。这就是中华文化和文字的魅力所在。所以，这次教育部改革考英语的方式，得到了人民的一致认可。这里面有深层次的历史文化因素，毕竟，文化安全是一个人心所向的问题。何况，文化具有地域性。语言也有地域性，胡乱移植和模仿，得不偿失。

秦始皇开创了中国两千多年中央集权郡县制的国家管理模式，影响之深广，可谓史无前例。纵使在世界历史上，开创庞大帝国的帝王也有，但他们的历史影响却无法同秦始皇相比。为什么如此讲？纵观历史，欧洲以及美洲和非洲总是小国林立，而中国则是一个大一统的国家。这主要是由于历史政治文化等原因造成的，与山脉阻隔等地理因素关系不大。在中国人的心目中：政治一统是常态，分裂则不正常。也就是说：合是人心所向，分则民心所背。中国历史统一时期远远大于分裂时期。而且，只要历史一呈现分裂格局，那么，统一就成了历朝历代朝廷的使命。这在中华历史上有太多的历史案例可以印证。从三国到魏晋南北朝，从魏晋到五代十国都验证了这一论断。

在西方，历史学家常把秦始皇与罗马帝王恺撒相提并论。但区别在于：罗马帝国统一时间短，恺撒一死，帝国即分崩离析。

贾谊名篇《过秦论》中写道：仁义不施而攻守之势异也。《战国策·赵策一》中语："前事不忘，后事之师"。可见君子治理国家，借鉴历史经验，运用于当代的情况，还要通过实践加以检验，从而了解兴盛衰亡的规律，详知谋略和形势是否合宜，做到取舍有序，变化适时，这样才能国家安定。

秦始皇推行"严刑峻法"的法家学说，政策太过残酷。其后中国历代统治者大都引以为鉴，推行以仁爱和中庸为核心的儒家学说。

秦始皇的千秋大计，当然不是他一个人的功劳，可谓群策群力。

他任用楚国的李斯为丞相，重用齐人蒙恬为大将。而秦始皇当了皇帝以后，秦始皇的亲兄弟，则为普通匹夫，没有封地封官。这种气魄和风度，足以堪当历史的重任，成为千古一帝。

秦始皇的失误在于一则焚书坑儒，二则修筑阿房宫与造骊山墓。前者躁，后者骄。骄与躁历来是大政治家完成伟大事业之后容易犯的毛病。希望后世以此为鉴。

千古一帝秦始皇，开创历史先河的第一流大政治家。

论泰山气象——评汉武帝与唐太宗

在山东省邹城市。孟庙里有一竖匾，上书“泰山气象门”5个大字。“泰山气象”四字取义于北宋大儒学家程颐之说：“曰仲尼元气，颜子春生，孟子并秋杀尽盖亦时然而已。仲尼天地也，颜子和风庆云也，孟子泰山之气象也。”气象一词，具有春风化雨，万物并育之意。历史上

历史上最伟大的政治家的政治风度，就在于能领导群贤共治。第一流的政治家有一个特点：开诚布公。意思是集体智慧，态度诚恳，没有私心。政治是大众之事，自然需要开诚心，布公道。开诚心是一种高尚的风格，办事公道就会深入人心。古今中外，概莫如此。

有所作为的大政治家，都会有泰山气象的风度。以身作则，上行下效是孔子和孟子认为政治家所应具备的风度和准则。

中国历史上出现过世界公认的盛世王朝——汉朝与唐朝。汉朝延续了476年的历史。唐王朝执政289年。在这历史的长河中，涌现出众多优秀的皇帝。这其中的秦皇汉武，唐宗宋祖。都是被后世称赞和历史公认的大人物。而这其中，汉武帝和唐太宗是历来为史家所称赞的。汉武帝17岁登上皇帝宝座，设立五经博士，兴廉举孝，规定官吏禁止兼营商业。又特封知识分子公孙弘为平津侯拜为丞相。汉武帝之前，有一项不成文规定：非封侯不拜相。如萧何、曹参、王陵、陈平、周勃、灌婴、张苍、申屠嘉等皆军人。汉武帝摆脱了祖宗相传百年以来宗室军人当丞相的旧规，为中国历史首创文治政府之格局。开创士人（知识分子）进入政治舞台的历史开端。此项制度，可以使全国读书人在政治上有出路，有效地选拔了人才，鼓励了社会风气向好的方向发展。全国选拔人才归中央统一调配，全国各郡县都有人才参与中央政局，选拔人才有客观的标准，公平性很强。这样，社会治理方面就会趋于相对公平。

钱穆在《国史大纲》一书中评价道：一个政权的生命，必须依赖于某一种理论的支撑。此种理论同时即应是正义。正义授予政权以光明，而后此政权可以绵延不倒。否则此政权将为一种黑暗的势力，黑暗根本无可存在，必趋消灭。东汉史学家班固称汉武帝此举为规模宏远。汉武帝由此确定文治政府。汉朝的人才由察举制推荐而来。而察举制的特点：一是用贤良（贤良方正，能直言极谏）。二是孝廉（孝子廉吏）。试想，一个政权能重用这些人治国安邦，而这些人大多为平民出身，对平民有感情，制定的政策自然是能接地气，求务实。与察举制相符相用的是征辟制度。是汉朝封建统治者为搜罗人才、以加强统治而采取的特别措施，尽管由此入仕者的数量不多，但它通过皇帝征聘和高官辟除的方式给予应征者以特殊礼遇，

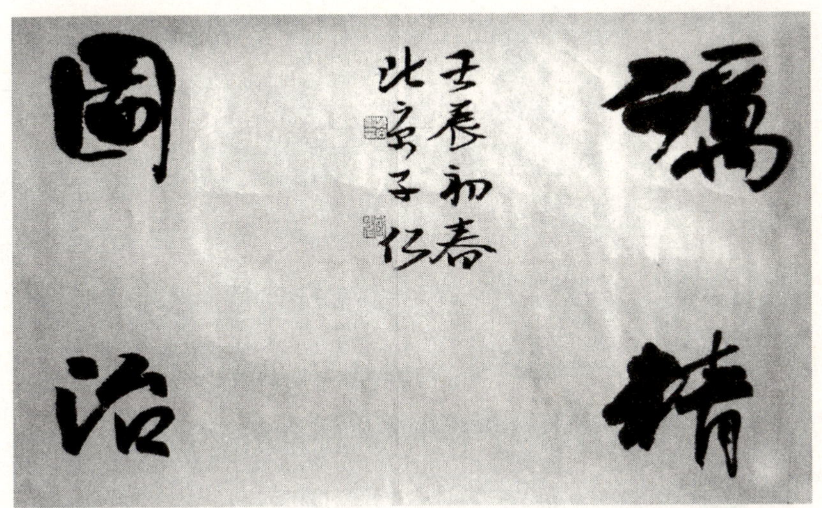

东汉班固《汉书·魏相传》:“宣帝始亲万机,励精为治。”《宋史·神宗纪赞》:“厉精图治,将大有为。”

可以使得一些本不愿为官的硕学名儒之士加入到封建统治阶层中来,而且统治者也可以籍此沽得求贤之名。所以征辟制作为对察举制的补充,它和察举制一起构成了汉代选官制度的主体,成为文治政府。这就是汉武帝为什么和秦始皇并称的原因之一(秦皇汉武)。

唐太宗为什么被史学家称道,原因是唐太宗本人能文能武,英才盖世。是中国历史上第一流的皇帝。唐太宗时代政府的特点是群贤众治,群策群力,集体发挥智慧,公心为民。贤相如房玄龄、杜如晦,诤臣如魏征、王珪、戴胄、马周。房谋杜断,朝为田舍郎,暮登天子唐的典故由唐太宗时代产生。而具文武全才于一身的如李靖等人才济济。名臣贤相,相互辉映,成就了一个贞观之治。难怪唐太宗说:天下英雄,尽入吾彀中矣!历史上最伟大的政治家的政治风度,就在于能领导群贤共治。政治是大众之事,自然需要开诚心,布公道。开诚心是一种高尚的风格,布公道则深入人心。古今中外,概莫如此。唐太宗强调人才的重要性,把治国兴衰的原因归结为人才。贞观二年他曾表示:为政之要,唯在得人。贞观十三年又说:“能安天下者,唯在用得贤才。”他求贤若渴,曾多次向全国下达求贤举才的诏令。

唐太宗主要采取了两种措施选拔人才。一是大办学校，国家设国子监、太学，地方设州学、县学，以便培养和造就大量人才。二是推广和完善隋朝所创的科举制度，通过考试，选拔有真才实学的人当官，使做官不再是贵族世家的专利，让平民出身的知识分子也有机会，正所谓“朝为田舍郎，暮登天子堂”。从而形成群贤共治，群策群力，社会风气不断走向正轨，风清气正的盛世（王朝）。唐太宗时期主持编纂的《贞观政要》一书，堪称后世帝王的常用教科书，一直到清朝都是县级干部必读的干部培训教材。

宋·邵伯温·《闻见前录》卷六：“及唐元宗时，宰相姚元崇直奏十事，可以坐销患害，立致升平，惟虑至尊，未能留意。医时救弊，无出于斯！”

汉唐盛世还有一个特点。只要国家政局一稳定，文学和艺术就会有所发展，汉乐府、唐诗、书法等经典作品就会出现。这是历史的一个特点。

汉唐盛世在世界史上都是一个奇迹。为什么这样讲呢？美国建国时间才 237 年。而且，美国的文化已经呈现逐渐衰落的趋势。枪支泛滥、毒品泛滥、经济危机、有组织的犯罪、恐怖组织的袭击、社会风险的加剧、失业率攀升……这一切证明美国社会需要学习更先进的文化。而中国的儒家文化讲究正心，修身，齐家，治国，平天下。先从照顾小家开始，每一个小家庭和睦，家和万事兴，再到大家和国家。欧美的文化似乎过于追求自由、独立、人权，所以家和万事兴就很难实现了，这就是矛盾所在。欧美的文化需要学习儒家文化的涵养。家和万事兴，这个家小到每一个家庭，大到国家，再到世界的大家庭。和平共处，各美其美，美美与共，就是大美！

从历史上看，四大文明古国从古埃及到巴比伦，从古巴比伦到印度，所有的帝国一旦衰败，再也不会兴盛。包括从罗马帝国到近代的英国、法国、德国。唯独中华文化从没有中断过。这就是中华文化的魅力。中国的历史只要政局一稳定，必定迎来一个盛世。这又是什么原因呢？从文化的角度来解读就是：欧美文化的根源在于讲人权与自由和独立。欧洲面积不大，却不能统一，就在于每一个国家都太讲人权和独立，自由和民主。美国的历史发展趋势也是一样，因为文化的根源在英国。就连英国三岛，都要各自独立。所以，美国如果不向中国学习儒家文化的要义，社会矛盾可能会加剧，人心更加惶惶不安。相信历史的趋势会证明这一结论。

大政治家的风度——宋神宗

《宋史》记载：宋神宗，励精图治，将大有为。未几，王安石入相。安石为人，悻悻自信。

历史走到了宋朝宋神宗时代，宋神宗面对的是“积贫积弱”的社会现实，于是，想有所作为的宋神宗励精图治。以富国强兵为目的的一场轰轰烈烈的改革拉开了序幕。当时的政治环境有三大矛盾：一、社会矛盾尖锐：豪强地主隐瞒土地，致使富者有田无税、贫者负担沉重。二、民族矛盾严重：北宋与西夏和辽国发生多次战争，而且，战败的次数多，赔偿的数额大。三、统治集团和利益集团内部矛盾突出。

宋神宗是一位想有作为的皇帝，而大宋王朝当时的局面却是这样：冗官太多、官僚机构臃肿、冗兵作战不力、政府财政支出增加，与此同时由于土地兼并现象特别严重，富豪地主隐瞒土地，以致北宋政府的财政困难，边疆岌岌可危。

在这种环境下，熙宁变法由此登上历史进程中的舞台。宋神宗即位，有志于效法唐太宗，此理想之高远用现在的话讲，就是对历史负责。一个能有历史责任感的皇帝，至少是一位想建功立业、有所作为、青史留名的好皇帝。宋神宗拥有这种格局和视野，足以让史学家钦佩。当年王安石对宋神宗说：汉唐不足以效法，要学就学尧舜。王安石以“天变不足畏，祖宗不足法，人言不足恤”来推动改革。宋神宗大为感动，于是起用王安石为宰相，开启熙宁变法。

熙宁变法用意很好，可是缺乏具体的操作性，或者说在操作的过程中农民不仅没有得到好处，反而受害更大。举一个实例：王安石夸下海口，称自己不用增加赋税就可以增加国库收入，于是实施了青苗法。可是在实施的时候却走了样。按政策规定，农民贷款一万，借期一年，国家征收利息两千。可是，各地官僚在实施的时候，分春季贷款和秋季贷款，到农民手里利息增加到了四千。各地官僚层层加码，要贷款还得让各级官僚吃回扣，农民有多少利润？偏偏新政给各地下了贷款指标，贷款已经立法，不贷不行，以至于地主、富农都叫苦连天，甚至发生了一千多人集体进京上访反对青苗法实施的事件。国家不仅没有增加财力，反而政策陷入被动，弄得人心惶惶。青苗法不仅触犯了既得利益集团的一致反对，农民也怨声载道，这可是王安石万万没有想到的后果。可见，改革一定要有全局观，切不能头痛医头，脚痛医脚。

即使在王安石辞官以后，宋神宗依然选取新法的有效部分予以实施。可见宋神宗的决心之大。宋神宗的英明伟大之处还在于当时以司马光为首的守成派上书反对改革派王安石，宋神宗也没有打压守成派，而是保护司马光，给他经费去写历史巨著《资治通鉴》。宋神宗认为此书“鉴于往事，有资于治道”，即以历史的得失作为鉴诫来加强统治，所以定名为《资治通鉴》。试想，如果当时宋神宗不支持司马光，到如今，我们怎能有机会学习“鉴前世之兴衰，考当今之得失”的历史智慧？由此可见，宋神宗的政治风度可谓德比山高，气度非凡。仅仅这一点风度，就已比历史上很多皇帝高明多了。他没有以斗争的方式和政治的名义，让改革派占了上风就打压守成派，守成派占了上风就压制改革派。由此可见，能否以理性辩证的态度对待改革和守成是判断政治家是否成熟的一个标志。这一点可能是后来写历史的大家对宋神宗都很仰视的原因之一吧。

熙宁变法的失败，与改革派和守成派斗争激烈也有关系。改革派和守成派之间争斗的中心人物都是君子。一边是志气恢弘的王安石，王安石天资聪慧，才高八斗，文章大气磅礴。一边是学富五车的司马光，能文能武，一部《资治通鉴》足以让后来者叹为观止。只不过，王安石用人失误，起用小人，比如吕惠卿，为了自己能当上宰相，在王安石孤立无援时，吕惠卿竟然火上浇油说王安石参与谋反。要知道吕惠卿当年可是王安石极力推荐和栽培的人物。王安石自己也缺乏驾驭全局、统筹协调的能力，看问题太偏执，不知道群策群力的重要性。举一个案例：王安石想提拔一个新官，负责起草任命书的官员不同意（据说王安石任命的这个官员人品不行），把王安石的手条（相当于写条子，打招呼）退回给王安石，然后这个官员自请辞职，王安石答应了他的辞职。第二个负责此事的官员照样把王安石的手条退了回去，王安石又把这个官员给罢免了。就这样前前后后罢免了七八个，还是没有人愿意为王安石正式起草任命文件。王安石没有办法，只好临时找了一个代理官把这个任命文件正式起草，才算完成手续，成功任命了那个官员。王安石的一意孤行由此可见一斑。

政治是关乎大众之事，一个政治领袖的胸怀和气度如果不够，就不必说群策群治、同心同德。而宋神宗眼界和格局还是比较高的，也能做到尊贤和容人。改革的初衷是好的，但王安石没有把握好机会，用人不当，那也怪不了别人。可见，识人用人关乎事业成败。正如老百姓所讲：宁可不识字，不可不识人。

九百多年前的这场改革，经验和教训太令人感慨。这其中的教训和经验，足以让我们学习和反思！

大明王朝的开创者——明太祖朱元璋

中华民族历史悠久。一个民族如果不了解自己的历史，从何谈起爱国；如果不爱国，又怎么会爱这个国家的人民。历史有延绵性和连续性两个特征。延绵性和连续性构成了历史的传统性。常言道：一方水土养一方人。相对应的是一方水土有一方文化。东方有东方的文化，西方有西方的文化，非洲有非洲的文化，澳洲有澳洲的文化。各种文化应该和谐相处，尊敬差异，寻求共识。在世界历史文化的发展大道上，中国的传统文化从未中断过，源远流长，

摄于陕西榆林镇北台，明长城上最大的军事瞭望台。摄影者 / 张榆林

顾炎武在《日知录》一书中讲道：天下太平，则小官多大官少。天下大乱，则必然是大官多而小官少。归结起来就是：地方政府干得好，天下就太平。地方政府干得不好，天下就会大乱。

博大精深。历史的发展一再证明：靠武力和掠夺资源最终会走向灭亡。中华传统文化给历史指出了一个前进的方向，那就是：天人合一、修齐治平的文化大道。中华文化的传统特点是：谦和、内敛、自强不息、厚德载物、以善为本等。西方文化的特点有宗教性、商业性、法制性、掠夺性与及时行乐等。

可以说，在世界历史上发生过的，在我们的历史上发生过，在别国历史上没有发生过的事情，在我们的历史上也发生过。由此可见我们历史的厚重感。如果一味学习外来文化，甚至本末倒置地置自己的文化于不顾，很可能学得“四不像”，或者“邯郸学步”，最终连自己是谁都忘掉。失去了做人的根本，何谈建功立业？忘记了历史，也就忘记了自己，就会迷失方向。

政局不稳定，经济、文化、生活等一切都会发生危机。这就是历史的普遍规律。

建立了276年基业的明太祖推翻元朝，恢复汉唐气象，有开创盛世之决心。他严惩贪官污吏，可谓历史上少有的严格。据顾炎武《日知录》记载，明太祖朱元璋曾对侍臣讲道：君子得位，欲行其道；小人得位，欲济其私。欲行道者，心存于天下国家；欲济私者，心存于伤人害物。朱元璋是一位具有开创历史新气象胸怀的帝王，但是，在功成名就之后，他也免不了犯帝王容易犯的毛病：骄与暴。明太祖严刑峻罚，行使廷杖，可以说是蔑视大臣人格，缺乏尊贤和容才的高贵气度。而明太祖废除宰相，帝王独裁，可是几千年以来少有的政治格局。

明太祖洪武十三年，据正史记载，因宰相胡惟庸造反，明太祖下令从此废止宰相，不再设立，并警告后世子孙不准再设宰相制度，成为中国传统政治的一大变动。这成全了皇帝的独权。此制度一直延续到清朝。

中国传统政治的特点，一直以来都是皇权和政府的宰相权之间维护着一种相对的平衡。这种制度的设置，是为了防止皇权专政，一旦破坏，会导致皇权没有监督，极度腐败，最后导致王权的衰落，甚至王朝的更替。延续了两千多年的宰相制度，突然断层，政治治理怎么维持平衡？明朝恰恰验证了这一历史结论。

皇权和相权分开，相互监督，这是传统政治的一个高明设置。当年秦始皇统一六国，行郡县，治天下，用的宰相是李斯。汉高祖刘邦统一天下，用的宰相是萧何。李世民英明一世，用的宰相是房玄龄。如果皇权和相权不分开，那么，秦始皇可以用自己家族的人担任宰相。汉高祖和李世民也可以用自家的人做宰相。皇权没有监督，没有监督的权力自然会导致极度的腐败。所以，皇权和相权分开，让贤德之人当宰相，帮皇帝治理国家，让平民子弟通过考试进入政治治理的决策层，形成“朝为田舍郎，暮登天子堂”“将相本无种，男儿当自强”的局面。让儒者有其位，有前程。中国历史有一个特征，凡是尊敬儒家的朝代多能呈现出盛世，比如汉朝、唐朝、宋朝、明朝和清朝。而不尊敬儒家的朝代大多是混乱和短命的王朝，比如秦朝、南北朝、五代十国和元朝等。这一历史现象值得历史研究者注意。为什么会如此？因为儒家的根本思想是规范社会秩序，坚持“亲亲”、“尊尊”的基本原则，维护“礼治”，提倡“德治”，重视“仁治”。我们今天回过头来看，社会难道不需要礼义廉耻来规范和教化吗？儒家提倡的观点难道没道理吗？

皇帝高高在上，宰相代表政府的治理权限，为皇权服务的同时又限制皇权的滥用，在皇权和宰相之间还有谏官制度。这就是传统文化中“文死谏，武死战”的理想结局。“天子之耳不能自聪，天子之目不能自明”。谏官，是对皇帝的过失直言规劝并使其改正的官吏，而谏官归宰相管理。谏官的设立，实际上也是为了规避皇权和相权发生正面冲突，目的都是希望天下太平，长治久安，用社会学的专业词汇叫理性纠偏。而实际谏官的职务相当于现在的处级干部。

摄于云南丽江木府，朱元璋御赐的“诚心报国”匾。

谏官即使说错了，也应言者无罪，闻者足戒。黄宗羲在《明夷待访录》中说：“天子之子不皆贤，尚赖宰相传贤足相补救……宰相既罢，天子之子一不贤，更无与为贤者矣。……天子之所是未必是，天子之所非未必非，天子亦遂不敢自为是非，而公其是非于学校。”

明太祖一下子把宰相这一制度取消，导致权力集于皇帝一身。既给自己增加了负担，也给后代皇帝增加了隐患。明太祖废除宰相之后，也担心将来太监弄权，于是又做了一个规定：内臣不得干预政事。并且铸成铁牌，挂在宫门里，以作警示。天下是明太祖打下的，明太祖自己当过和尚，挑水砍柴，马上打天下，下马治国家，治国平天下，样样都行。可是，皇帝的后代都生在皇宫里，成天和有人格缺陷的宦官以及妒忌心极强的嫔妃在一起，他们的智商、精力、体力和经历等方面都没法和开国皇帝相比，于是就会呈现出一代不如一代的趋势。这可能也是王朝更替的原因之一。

历史的发展证明，明朝废除宰相之后，太监弄权和参政现象比任何朝代都严重。严重到什么地步呢？朝廷要上报的公文必须经过太监送到皇帝手中。如果皇帝英明，则太监不敢隐瞒；如果皇帝懒散，则太监趁机弄权。举例说明：万历皇帝明神宗做了几十年皇帝，有二十多年没有上朝，朝廷的大臣没有见过皇帝的面。据历史记载：从明宪宗到明熹宗前后约一百六十七年，皇帝很少召见大臣。中间的公文全由太监传送，内阁送公文给太监，太监送给皇帝；皇帝批过之后交给太监，太监交给内阁。有些懒散皇帝嫌麻烦，自己不批公文，私下叫太监批公文，这样批红的权力就落到太监的手里。太监实际上变成了真皇帝，掌握了最高决策权。遇到懒惰的太监，对待千里之外全国各地送来的重要公文就顺手用来包鱼包肉当废纸用，而这些公文可是国家军事、边防、民生的特急汇报材料。这种管理国家的方法，真是黑暗腐朽至极。历史上只有明代这样过。明朝末年腐败到了极点的另一个案例是：军队出征前，祭旗的奠礼上要杀一头牛，因为武器库中的武器已有一百多年不用了，刀竟然杀不死一头牛。此事的发生地点是今天北京的德胜门。

与顾炎武、王夫之并称明末清初三大思想家的黄宗羲在《明夷待访录》一书中讲道：明代衰亡根源在于废除宰相一事。历史证明了黄宗羲的判断是正确的。同时代的儒学大家顾炎武在《日知录》一书中讲道：天下太平，则小官多大官少。天下大乱，则必然是大

“天雨流芳”书写在丽江木府旁的一座牌坊上，其纳西音意为“读书去吧”。明代木氏土司开了纳西族汉文写作先河，清康熙年间，兴办丽江学府，百姓有了读书的机会。

官多而小官少。归结起来就是：地方政府干得好，天下就太平；地方政府干得不好，天下就会大乱。从以上两位大儒的分析我们可以得出如下结论：在历史上，皇权和相权相互监督，相互制衡，相互辉映，群贤共治是一种良治；在下，郡县治，天下安。在汉朝盛世，朝廷注重郡县这个层面的领导权，县上面是郡，郡上面就是朝廷，郡守做得好可以直接提拔为三公九卿。这也符合管理成本环节越少，越高效的原理。在各个层面，各级官吏都有责任，各级管理机构都有良吏，人才都有施展才华的地方，这才是一种良治。从汉唐盛世治理的经验来看，不让社会有过于穷苦的人家和走投无路的人至关重要。不管城市还是农村，都应重教化，重礼仪，重社会秩序，重人才选拔。让只要努力就有机会成功的理念深入人心。家家有希望，家族有希望，集体有希望，国家自然就会有希望。这样，就可以达到“治大国如烹小鲜”的境界。

第二部分

衰世乱世时期的历史教训

- 三国时代——乱世出英雄
- 短命的晋王朝——从统一到分裂
- 南北朝——乱世到衰世
- 五代十国——乱象丛生
- 元朝——政治制度设计的不平等
- 一声叹息——267 年的大清王朝
- 自上而下的改革缘何也失败——戊戌变法

三国时代——乱世出英雄

> 司马懿给对手诸葛亮的评价是：真乃天下奇才也。现代国学大师钱穆赞曰："有一诸葛，已可使三国照耀后世，一如两汉。"

大汉王朝延续了426年，东汉末年爆发了黄巾起义，又称黄巾之乱，是中国历史上规模较大的一次以宗教形式组织的暴动，开始于汉灵帝光和七年（公元184年）。当时朝廷腐败，宦官外戚争斗不止，边疆战事不断，国势日趋疲弱，又因全国大旱，颗粒不收而赋税不减，走投无路的贫苦农民在巨鹿人张角的号令下，纷纷揭竿而起，他们头扎黄巾，高喊"苍天已死，黄天当立，岁在甲子，天下大吉"的口号，向官僚地主发动了猛烈攻击，对东汉朝廷的统治产生了巨大的冲击。为平息叛乱，各地拥兵自重，最终起义虽以失败而告终，但军阀割据、东汉名存实亡的局面也不可挽回，最终导致三国局

东汉时期，马踏飞燕。

面的形成。

历史走到了分崩离析的状态，也就是走上了黑暗的混乱状态。从史料看，凡是朝廷一有内乱，必定引来外患。这是我国历史呈现的一个特点。所以中国人一向强调：家和万事兴！而这种内乱，表现的就是代表朝廷的王室衰乱，其表现形式要么是外戚乱政，要么是宦官专权，要么是手握重权的军人乱政，要么是奸臣当道。政治如果上不了正轨，经济、文化、社会治理根本就不可能有所发展。东汉因为内乱，引来董卓假借平乱之名祸害朝廷，董卓手段残忍，性格暴烈，引发了各地诸侯的不满，纷纷讨伐董卓，引起三国演义六十年的战乱。战乱导致人口急剧下降，经济文化遭受严重损害，老百姓遭殃成了定局。

因为东汉后期许多皇帝童年即位，根本不可能把持朝政，大权必然旁落。外戚和宦官轮流专权，结果就是乱政。而外戚和宦官代表的都是一种私势力，私势力不可长久这一点，《三国志》写得比较详细，在此不论。举一个案例：梁冀，中国东汉时期外戚出身的权臣。出身世家大族，先祖时曾协助汉光武帝刘秀建立东汉，其父亲为梁商，有一妹，是汉顺帝的皇后。永和元年（136 年）梁冀成为河南尹。因汉质帝当面称梁冀为“跋扈将军”，次年即被他所毒杀，另立十五岁的桓帝。此后他更加专擅朝政，结党营私，且任人唯亲。

我们解读历史，惊讶地发现有这么一个现象：在很多朝代的末期：要么是外戚专权，要么是宦官显贵，平民出身的士大夫发挥不了作用，那么，政治必然走向黑暗，时间一久，必然腐化。在上腐化，在下贪官污吏横征暴敛，老百姓走投无路，加上天灾人祸，于是各种起义、暴动应运而生，改朝换代，新的政治势力登上舞台。而新政权如果不能依靠民众势力产生，于是又陷入混乱状态，进入一治一乱的历史循环当中。

三国时代的曹操，挟天子以令诸侯，到后期篡权的司马懿更是“司马懿之心，路人皆知”。正如五胡时期的石勒所说：曹孟德、司马仲达以狐媚取人天下于孤儿寡妇之手，大丈夫不为。东吴孙权据江东以自守。蜀国刘备虽壮志凌云，可惜天时地利都不尽如人意，再加上不争气的刘禅，诸葛亮虽有恢复汉室的决心和勇气，可惜，外在条件不具备，只能鞠躬尽瘁，死而后已，留下：长使英雄泪满襟的英雄感慨！

但是，中华历史上还有另一种现象：乱世出英雄。三国时代，可谓人才辈出：诸葛亮、关羽、张飞、赵云、孙权、周瑜、陆逊……曹操手下谋臣良将人数众多，曹操本人也具备雄才大略，文采过人。这些历史人物直到今天还影响着中华民族的政治文化。诸葛亮，可以称得上是历史上第一流的政治家。他曾经上表指出自己只有 800 株桑树和 15 顷土地，穿的都是朝廷赐封，儿子都是自给自足，自己没有一点多余的财产。有如此丰功伟绩的诸葛亮尚且如此，这才是真正的鞠躬尽瘁死而后已。诸葛亮的行事为人堪为表率，在千百年后的今天仍然能让群众心服口服，我们除了感慨之外，就只有认真学习了。

司马懿给对手诸葛亮的评价是：真乃天下奇才也。现代国学大师钱穆赞曰：“有一诸葛，已可使三国照耀后世，一如两汉。”说完诸葛亮，再来说一说关羽。民间一直对关羽崇敬有加，奉若神明。除了国内，在东南亚、日本、美国、英国等国家的华人区域，关公的信仰也都相当盛行，华侨在国外从商者很多，因此对于作为武财神的关公也多加崇祀。

道教将关羽奉为“关圣帝君”，即人们常说的“关帝”，为道教的护法四帅之一。长久以来，人们之所以如此崇敬关羽，是因为他是忠义的化身，侠肝义胆，智勇双全，堪为与文圣孔子齐名的武圣。中国人对历史人物的崇拜，是因这些人物在历史上做出过有益于民族，有益于人民的事业。而西方对历史人物的崇拜，似乎更倾向于神话和宗教，缺少了历史的温情以及人文的感召。未免有些空洞不真实。这是中西文化的一个差别。

中华传统对历史人物的评价向来看重人品、德行。而同时代的一方诸侯如袁绍（曹操批评他：竖子不足以谋），武艺盖世如吕布（张飞批评吕布：三姓家奴）相比之下口碑就差多了。

为什么乱世会出英雄？这正应了孟子的话：待文王而后兴者，凡民也。豪杰之士，虽无文王犹兴。

中国人讲：人能弘道，非道弘人。物极必反，天运循环。乱世，不是常态，统一和平和长治久安才是常态。要扭转乱世衰世，责任就在现实的人物身上。即使在乱世衰世，只要有一身正气的人物，走上了政治舞台，自然可以转移世运，扭转黑暗的社会风气，惩治腐败的官僚体制，风清气正，开创出一个新时代。而这种历史人物的栽培，素养自然来自我们自己的传统文化对做人的要求。西方的和外来的毕竟是没有历史人文基础，离老百姓太远，这里面就牵扯到人心向背的问题。得民心者得天下。这种民心，实际上就是传统文化对做人的基本要求。

摄于陕西榆林白云观，“白云观论道”为系列道教活动之一，通过“百姓说道”弘扬道的精神，彰显宗教文化的内涵，构建和谐社会。

短命的晋王朝——从统一到分裂

西晋统一了，但是缺乏正义和正统的说服力，是一个具有私心的官僚集团在支撑着朝廷。各个官僚集团离心离德。政权不正义，自然就不会光明，不光明，何来凝聚力？如果没有凝聚力，官僚各有私心，政权如何稳定？加上西晋的贵族统治者自身的腐化，政权趋于瓦解只是一个时间早晚的问题。西晋王朝只有52年的寿命。这正如被无数个案例证明的一样，一个贵族家庭，如果没有良好的教育，至多三代，其子孙就会趋于平庸弱化。这就是历史上富贵不过三代的普遍现象。西晋也如此。

据史书记载，王恺与石崇比富的故事就发生在西晋。晋武帝时，后宫美女万人，武帝不知所适，晚上坐羊车，羊走到哪里，就睡在哪里。可见，皇帝的心思不在治国理政，全放在后宫美女身上，朝廷治理得怎么样就可想而知。到晋惠帝时，闻有人因饥荒饿死，晋惠帝说了一句名言：何不食肉糜？晋惠帝之所以被人嘲笑，除了“何不食肉糜”那句千古名言外，大

据史书记载，王恺与石崇比富的故事就发生在西晋。晋武帝时，后宫美女万人，武帝不知所适，晚上坐羊车，羊走到哪里，就睡在哪里。可见，皇帝的心思不在治国理政，全放在后宫美女身上，朝廷治理得怎么样就可想而知。

概就是“青蛙为谁而叫”的突发奇言了。相传晋惠帝夜游皇家公园，闻得蛙声一片，禁不住问左右随从：“青蛙这样辛苦鸣叫，是为公家叫，还是为私家叫？”众人面面相觑，不知如何回答。只有一个仆人反应快回答道：“青蛙在公家的地上叫就为公家，如果青蛙在私人的地盘上鸣叫，就是为私。”皇帝封赏了该仆人。

西晋的统治集团内部既腐朽不堪，又激烈地争权夺利，很快亡国了。当时有一个名叫索靖的人，早早就看出了西晋存在的严重问题，对它的灭亡作出了精准的预言。索靖，敦煌人，出生在一个官宦之家，年少时才艺过人，驰名海内，时人称“敦煌五龙”之一。他“博经史，兼通内纬”，年纪轻轻就被举荐为官。索靖看问题细致入微，目光长远。西晋建立不久，就出现了官僚争相炫富、政治腐败等种种社会现象。他认真分析这些现象，预见到天下即将大乱，西晋王朝将走向衰亡，但自己又无力改变这一局面，于是郁闷不已。有一天，他指着洛阳宫门外设置的铜驼，叹息道：“大概以后会在荆棘中看到你吧！”

后来，索靖的预言果然应验。公元291年，西晋发生了“八王之乱”，各官僚集团争战不休，持续时间长达16年，都城洛阳遭到严重破坏。

公元303年，河间王司马颙（yóng）等举兵进犯洛阳，索靖被委任要职，率关陇义兵参加保卫洛阳之战，不幸在战斗中受伤而亡，卒年65岁。

当时的政权更替，是通过宫廷政变的方式实现的。而宫廷政变的力量来自外戚和分封的同姓诸王。外戚和同姓诸王之间矛盾重重，导致历史上的八王之乱。常年的战乱，造成了农民的大量伤亡和流离失所。西晋传四帝，晋惠帝被毒死，到晋怀帝和晋愍（mǐn）帝都成了被俘虏的皇帝。52年，西晋就灭亡了。

五胡乱华的悲剧就发生在这个时期，在西晋灭亡之际，塞北多个胡人的游牧部落联盟趁中原西晋王朝衰弱的时候，大规模南下建立国家，与中华传统正统政权对峙。“五胡”指匈奴、鲜卑、羯、羌、氐五个胡人的少数民族游牧部落联盟。百余年间，北方各族及汉人在华北地区建立数十个强弱不等、大小各异的国家，导致了五胡十六国时期的割据。五胡乱华破坏了中原的政治和经济发展，但也让北方游牧民族与中原汉族产生了文化经济交往。从历史的角度讲，是游牧文化与农耕文化的一次交融。由于汉人避难大量南迁，从黄河流域进入长江流域，在长江下游江南地区建立东晋，历史上称为衣冠南渡，又进一步增进了南方的百越、三苗族裔与中原汉族的文化和经济联系和交融。影响深远，是中国第一次民族大融合。

五胡的概念是房玄龄主编的《晋书》中最早提出的，五胡乱华的时间一般从西晋灭亡开始算起，一直延续到鲜卑族建立北魏政权。东晋建立后，从来不乏爱国之将士以北伐中原、收复失土为重任。故东晋从始至终，都有义士北伐之举，如祖逖、庾亮、殷浩、桓温、刘裕等人。东晋与五胡、五胡十六国之间为土地和政权的厮杀，从没有停止过。

历史进入了东晋时代，东晋王朝存在的时间是 103 年。南逃的司马睿在建康（今南京）称帝，即晋元帝。在晋元帝时期，发生了著名的祖逖北伐收复中原的历史。但是祖逖得不到偏安的东晋王朝的有力支持，虽然苦战了将近八年，收复了一些地方，但随着祖逖病死，北伐也就停止。此时的长江以北乱象丛生，战乱不止，民不聊生。

直到桓温重新北伐，取得了东晋在军事上从未有过的胜利。到桓温死，谢安执掌军权，东晋政局转向安定，只有北方的前秦对东晋有威胁。这时候，发生了历史上有名的淝水之战。淝水之战中，前秦军队主要由鲜卑族、羌族和汉族组成。这些部族军队都有自己的打算，离心，离德。汉族部队又不想进攻东晋的谢安部队。这是淝水之战东晋胜利的根源。得民心者得天下，顺应人民的期盼，顺应历史的潮流，这就是大势所趋。谁也阻挡不了。官僚集团、权贵集团、外戚集团、宦官集团都在历史的进程中灰飞烟灭，原因就是：这些集团都是为一己私利。政治是一种大众事业，是一种公权力。应该向太阳一样大公无私。如果违背这个规则，被历史抛弃，被人民遗弃也是情理之中。历史就是这么呈现的。又有谁能左右的了呢？

谢安去世后，东晋朝廷上又发生宗室内部、宗族内部的争权夺利。到 420 年，拥兵自重的刘裕废掉晋恭帝建立宋朝。东晋灭亡。历史进入到了南北朝对峙的黑暗分裂状态。

南北朝——乱世到衰世

南北朝时期在中国是一个分裂的朝代，分为南朝和北朝。南朝政权依次是宋、齐、梁、陈；北朝政权依次是北魏、东魏、西魏、北齐、北周。战乱时间长达169年。公元589年被隋文帝统一。

由公元420年刘裕篡东晋之位建立南朝宋开始，至公元589年隋灭南朝陈为止。该时期上承东晋、五胡十六国，下接隋朝，南北两势虽然各有朝代更迭，但长期维持对峙，所以称为南北朝。其中，北魏孝文帝改革和北周苏绰六诏值得书写。

此时也出现了民族大融合的趋势，比如北魏孝文帝改革，进一步加速少数民族汉化的步伐。孝文帝改革使北魏政治、经济有了较大的发展，创造了和平的环境，各族人民交往频繁，使民族融合步伐加快，为北方经济的恢复发展做出了贡献，也使少数民族生活方式汉化。

北魏孝文帝改革主要体现在以下三个方

当隋文帝的部队已经打到建业的军情报告送到陈后主的手里时，陈后主竟然看都没看就扔到一边，继续喝酒。他的代表作《玉树后庭花》后来被称为亡国之音。诗中写道：花开花落不长久，落红满地归寂中。在陈后主身上共发生两个典故：落井下石和绝无心肝。落井下石典故讲的是隋朝军队攻入建业（南京）时，陈后主和爱妃躲到枯井中，隋朝的士兵对着枯井喊道：如果不出来，就向井里扔石头。陈后主投降。绝无心肝是指陈后主投降后，不思亡国之痛，整天喝酒作艳词，烂醉如泥。隋文帝评价陈后主曰：绝无心肝。

面：第一，推行均田制，并颁布与之相联系的三长制和租调制。均田制使农民分得一定数量的土地，抑制了土地兼并，有利于国家征收赋税和征服徭役。三长制使许多农户成为国家直接掌握的编户，有利于中央集权的巩固。租调制则相对减轻了农民的租调负担，改善了农民的生产生活条件，促进了生产力的发展。第二，整顿吏治。吏治的败坏不仅激化了社会矛盾，也使统治阶级内部产生了矛盾。通过整顿吏治，整肃了官僚机构，巩固了封建国家统治。第三，促进民族融合。主要内容有改官制、禁胡服、穿汉服、断北语、改汉姓、定族姓、迁都洛阳等，这是孝文帝改革中最重要的措施。这些举措有利于我国的民族大融合，有利于我国少数民族的经济发展，有利于我国少数民族从奴隶制向封建制的过渡，有利于北方经济的恢复和发展，也促进了鲜卑族的发展，使鲜卑族最终汇入中华民族的大家庭，有利于我国民族的团结。

北魏孝文帝改革是一次政治、经济、文化的全面改革，意义重大、影响深远。它促进了北魏社会经济的恢复和发展，使北方出现了魏晋以来空前的繁荣景象。它缓和了阶级矛盾，巩固了北魏政权，加快了少数民族的封建化进程，加快了各民族融合的进程，为中国多民族共同发展做出了贡献，为国家结束分裂、走向统一、促进社会繁荣奠定了基础。

中华民族的大团结和大融合在历史上有许

多次，魏晋南北朝时期的民族融合是非常有影响的一次。正如吕思勉在《中国简史》中所说的：凡事总有相当的代价。五胡之乱，就是我民族融合异族的代价。

俗话说宁为太平犬，不作乱世民。处在动乱年代，战乱不止，民众受苦受难，又对现实世界的苦难无能为力。于是会去寻求某种精神寄托。而佛教的教义宣传众生平等，宣传善恶因果报应，宣传天理轮回，引导人们把希望寄托在佛的保佑与来生的希望之上。当时的统治者也出于各种原因，积极提倡佛教。广修佛寺，大造佛像，佛教文化的传播可谓得到了空前的发展。

比如说，南朝梁武帝萧衍皇帝就曾多次出家当和尚。萧衍当皇帝之后，初期的政绩是非常显著的。但他猜疑心重，且徇私护短，纵容家人胡作非为。这样的政权能维持多久？举一个案例：有人告萧衍的弟弟萧宏谋反，府中藏有兵器。萧衍一听，火冒三丈，带人去萧宏府中搜查，结果萧宏府中堆满了金银玉器、布绢丝棉。萧衍没有发现谋反的迹象，反而对萧宏说：阿六呀，你的家当还真不少啊！其他的王公贵族、朝廷命官看到皇帝是这个态度，于是变本加厉，挖空心思掠夺民众的财富。这样的政权，衰亡也就是时间的问题。

到陈朝陈后主时期，陈叔宝除了和宠妃们吃喝玩乐就是喝酒赋诗，而且还好做艳词。他任用奸佞之人，舞文弄墨，荒废朝政。当隋文帝的部队已经打到建业的军情报告送到陈后主的手里时，陈后主竟然看都没看就扔到一边，继续喝酒。他的代表作《玉树后庭花》后来被称为亡国之音。诗中写道：花开花落不长久，落红满地归寂中。在陈后主身上共发生两个典故：落井下石和绝无心肝。落井下石典故讲的是隋朝军队攻入建业（南京）时，陈后主和爱妃躲到枯井中，隋朝的士兵对着枯井喊道：如果不出来，就向井里扔石头。陈后主投降。绝无心肝是指陈后主投降后，不思亡国之痛，整天喝酒作艳词，烂醉如泥。隋文帝评价陈后主曰：绝无心肝。

此时的北方，宇文泰已建立北周政权。大统七年（公元541年）九月，北周大臣苏绰为改革制度所草拟的《六条诏书》(治心身、敦教化、尽地利、擢贤良、恤狱讼、均赋役)，最为后世称道。宇文泰立于座右，令百官习诵，规定不通计帐法及六条者，不得为官。后又草成《大诰》，痛斥六朝以来的浮华文风，作为范文，西魏作文皆仿其体。苏绰素性俭朴，不置产业，家无余财。遇有贤才，竭力举荐。

六条诏书的具体内容如下。

其一，治身心；（修身养性也）

其二，敦教化；（道德教化也）

其三，尽地利；（生产富民也）

其四，擢贤良；（人才选拔也）

其五，恤狱讼；（法律公正也）

其六，均赋役。（税役分配也）

经过《六条诏书》的改革。大统七年十一月，又颁布了十二条新制，和大统元年（535年）三月颁布的二十四条新制合在一起，共三十六条。六条诏书和这些新制的内容十分广泛，包括政治、经济、思想、文化各个方面，并据此而采取了一系列措施。

在政治上宇文泰奉行以德治教化为主、法治为辅的统治原则，要求各级官吏用儒家学说修身，躬行仁义、孝悌、忠信、礼让、廉平、俭约等，恪守这些道德规范。同时又向人民灌输孝悌、仁顺、礼义等理念，用这些儒家伦理纲常观念束缚人们思想，稳定统治秩序。

宇文泰在用人上奉行唯贤是举、不限资荫的思想，只要德才兼备，哪怕出身微贱，亦可身居卿相。宇文泰的这一选官思想体现了打破门阀传统的新精神，保证了吏治较为清明，也为大批汉族士人进入政权开辟了道路。

正因为宇文泰能唯贤是举，用人不疑，因此保证了各项政策措施的顺利执行。经过几十年的改革，奠定了强大的军事、经济、文化、人才基础，为隋文帝杨坚的统一打好了基础。

公元541年，隋文帝杨坚一跃而起，统一南北，建立隋朝，结束了分裂时代。杨坚是西方人眼中最伟大的中国皇帝之一。被尊为圣人可汗。在美国学者迈克尔·哈特所写的《影响人类历史进程的100名人排行榜》排行第82位。隋朝虽然和秦朝一样也是二世而亡。但对中国历史产生了巨大的影响。隋朝实行的三省六部治对唐以后的政治制度有深远意义。隋朝开辟的科举制度，为官吏选拔制度产生了重大影响。但是隋二世急功近利修南北大运河，加之隋朝穷兵黩武，过度耗费国力发动对高丽的战争，导致数百万人丧生，引起人民的强烈不满，最终趋向灭亡。

我们研读历史，对历史事实应有相对公正的评论。从中汲取经验和教训，应该是我们学习历史的本意。钱穆大师在《中国历史研究法》中讲道：中国人向来讲史学，常说要有史才、史识、史德。史才，贵能分析，又贵能综合。如黄巾之乱，可以从政治的，社会的，经济以及学术思想、民间信仰种种角度去看……这种才智即便是史才。史识，须能见其全、大、远、深。历史是一全体性的，并非真个有一件一件事孤立分离而存在。这样的见识即便是史识。史识能崇公业，图存远。再说史德，史德是一种心智修养，要能不抱偏见，不作武断，不凭主观，不求速达，这些心理修养便成了史德……如能兼备以上三条件，自可研究历史有高深卓越的造就。我们从事历史研究，正可训练我们分析和综合的头脑，正可增长我们的心智修养，正可提高和加深我们的见识和智慧。

五代十国——乱象丛生

唐庄宗本人有一个爱好，喜欢看戏演戏，等功成名就后，就成天和伶人在一起穿着戏装，有时还登台演出，自娱自乐，乐在其中。他还给自己起了一个艺名：李天下。有了这种皇帝，政治的治理水平就可想而知了。更为荒唐的是，唐庄宗对于自己喜欢的伶人还要封他们当刺史。手下忠臣劝谏：新朝刚刚建立，跟陛下一起出生入死的将士还没有得到封赏，如果让伶人去当刺史，恐怕大家不服。然而，唐庄宗依然我行我素。

五代十国（907 年—960 年）这一称谓出自宋朝欧阳修主编的《新五代史》，是对五代（907 年—960 年）与十国（891 年—979 年）的合称，也指唐朝灭亡到北宋建立之间的历史时期。五代是指 907 年唐朝灭亡后依次更替的位于中原地区的五个政权，即后梁、后唐、后晋、后汉与后周。960 年，赵匡胤篡后周建立北宋，五代结束。而在唐末、五代及宋初，中原地区之外存在过许多割据政权，其中前蜀、后蜀、吴、南唐、吴越、闽、楚、南汉、南平（荆南）、北汉十个割据政权被《新五代史》及后世史学家合称十国。

写到五代十国，可谓政局混乱不堪，政权荒唐之极。

公元 907 年，唐朝藩王朱温强迫大唐的最后一位皇帝唐哀帝下诏禅位于朱温。后梁建立。自唐高祖李渊到唐哀帝，历经 21 帝，289 年的大唐王朝为朱温所亡。可谓世事如棋局局新。可是，朱温建立的后梁却不见新气象，只见乱象生。有一首诗形容当时的洛阳城：洛阳风景是堪衰，昔日曾为瓦子堆。可见战乱带来的惨状有多么可怕。后梁的建立标志着中国重新分裂，五代十国长达半个世纪的长期混战从此拉开了序幕。

这是中华民族历史上一个黑暗的时代。举两个历史案例足可以说明黑暗到什么地步。

后梁政权只存在了 16 年，就被李存勖取而代之，后唐建立。李存勖就是唐庄宗。唐庄宗刚开始建国创业时还注意治理国政。等到灭了后梁和前蜀后，他沉溺于胜利之中，贪图荣华富贵，大肆享乐，声色犬马，残害忠臣，听信谗言。唐庄宗本人有一个爱好，喜欢看戏演戏，等功成名就后，就成天和伶人在一起穿着戏装，有时还登台演出，自娱自乐，乐在其中。他还给自己起了一个艺名：李天下。有了这种皇帝，政治的治理水平就可想而知了。更为荒唐的是，唐庄宗对于自己喜欢的伶人还要封他们当刺史。手下忠臣劝谏：新朝刚刚建立，跟陛下一起出生入死的将士还没有得到封赏，如果让伶人去当刺史，恐怕大家不服。然而，唐庄宗依然我行我素。

刺史在那个时代可是大官，相当于现在的省长。有些将士果然气得发疯。这样的政权，能有什么公信力和说服力？没过几年，发生兵变，唐庄宗被乱箭射死，而且是被自己任命的伶人害死。当时的政治黑暗也是历史上少有。举一个案例：后唐宰相马胤孙是个典型的不作为的庸官，身居相位却从不敢决断政事，朝政任人摆布，当时的人们讽刺他为“三不开宰相”。所谓“三不开”，是说他上朝不开口议论政事，不开印办事，在家不开门接见士大夫。此公后来被废黜，索居在家，以抄读佛经为事，而他原先是不信佛的。有这样的宰相，朝廷能有不灭之理？果然，后唐政权只存在了 14 年。14 年后，就被后晋所灭。

后晋的建立者石敬瑭是历史上臭名昭著的儿皇帝。石敬瑭造反，后唐李从珂征伐石敬瑭，石敬瑭向北方的契丹国王求救，并且答应打退后唐军队后将雁门关以北的燕云十六州的土地献给契丹（此举为大宋王朝埋下了祸根）。契丹国王耶律德光答应出兵，帮石敬瑭打败了后唐军队。当耶律德光来到晋阳，石敬瑭出城迎接，无耻地把比他小十岁的耶律德光称为父亲。

石敬瑭在契丹的帮助下攻入洛阳，打败了唐末帝，唐末帝一家投火自杀。后晋建立。石敬瑭对契丹国主称作父皇帝，自己称儿皇帝。

到晋出帝石重贵时，和契丹族发生了矛盾，947 年契丹第三次南下攻打后晋，由于后晋重臣杜重威投降契丹，这样后晋的主力就丧失了。石重贵被迫投降，全家被俘虏到契丹。辽太宗带兵攻入开封，存在了十一年的后晋灭亡。辽太宗完全没有儒家文化的修养，是一个粗人，凭借游牧民族的武力优势打败后晋王朝以后，纵兵掠夺人民财物，以及不让诸位节度使返回镇地，招来中原人民的反抗，使统治很难在中原继续下去。以致辽太宗弃开封城北归，说了一句名言：我不料中国人（指中原汉人）难治如此。

此刻，河东节度使北平王刘知远在太原称帝，建立后汉。后周的开国皇帝郭威是后汉的开国功臣，受后汉高祖刘知远重用。刘知远临死时，郭威是指定的顾命大臣。郭威登基后进行过一系列的改革。看到民众苦不堪言，他减轻了赋税，免除了许多徭役，同时整顿军纪，管理机构内部的腐败和贿赂。这些措施在一定程度上减轻了对人民的压迫剥削。后周时期的政治，经济实力的增强，为北宋统一中国奠定了基础。辽穆宗在位时好酒色才气，周世宗收复了许多北方失地，直接威胁幽州。可惜，世宗连年征战，积劳成疾，年仅 39 岁就英年早逝。周恭帝登位时才七岁。后来赵匡胤以兵变方式夺取后周政权，建立了大宋王朝。

以上是中原地区的混乱场面。而在中原以外存在的十个小国，以南唐（建都南京）后主李煜最为有名。李煜“性骄侈，好声色，又喜浮图，为高谈，不恤政事”“生于深宫之中，长于妇人之手”（王国维《人间词话》)。他擅长诗词，其中《虞美人》最为有名，表达了亡国之愁，也因为这首词断送了自己的性命。词中写道："春花秋月何时了，往事知多少。小楼昨夜又东风，故国不堪回首月明中。雕栏玉砌应犹在，只是朱颜改。问君能有几多愁，恰似一江春水向东流。"

历史学家吕思勉在《中国简史》中对五代十国的评价是：本族纷争不已，必然要引起外患，这是最可痛心的事。

五代时的政治特点是：小不如意或有野心之家饵以重利，便可杀其将而另戴一人，此时的藩镇，看似生杀自由，实则不胜其苦。五代时的君主，所以事势一有动摇，立刻势成孤立，亦由于此。而且累朝不加简阅，全是老弱充数，所以卖主则有余，御敌则不足，这要算五代时期最根本的大患了。

中原地区的民众经受着胡人的不断折磨与横征暴敛，生活环境用"水深火热"四个字来形容一点都不为过。我们应该记住这句话：一个国家不汲取历史教训，就不会有未来。一个国家不记得捍卫者，势必被历史遗忘。

元朝——不平等的政治制度设计

根据黄宗羲《明夷待访录》中的记载，元朝的法律规定：蒙古人可以殴打汉人，汉人不能还手。蒙古人殴打汉人致死，判罚蒙古人当兵打仗。有制定这样法律的政权，加之各级执政者争相腐败，政权的瓦解只是一个时间的概念。

蒙古族通过武力征服而兴起，震惊欧亚。但是，据钱穆《国史大纲》和《元史》记载，在蒙古骑兵所向无敌的征战中，只有中国是最为强大的对手。蒙古族分三个步骤完成了中国的统一。那时的中国有三个政权：一宋、一金、一夏。

第一步，先取金黄河以北的地方，灭夏。第二步，再取金黄河南岸，灭金。第三步，得长江流域及南方后灭南宋。就这样完成了统一。但是，他们的每一步都遇到了顽强的抵抗。比如说，元军攻占湖北襄阳一战，费时六年。自襄阳到灭南宋又耗费六年时间。

最为有名的战役是重庆合川钓鱼城一战，公元1243年到1279年，南宋合州（今合川）军民在守将王坚、张珏的率领下，凭借钓鱼城天险，“春则出屯田野，以耕以耘；秋则运粮运薪，以战以守。”而大汗蒙哥（元宪宗）带领蒙、元将领长期围城强攻。双方在此殊死搏斗，浴血奋战，大小战斗200余次，

摄于北京文天祥祠。

南宋官兵坚守钓鱼城36年，成为中外战争史上罕见的奇迹。最终蒙哥大汗战死钓鱼城下，蒙古汗国不得不从欧亚战场撤军，钓鱼城因此被欧洲人誉为“东方麦加城”、“上帝折鞭处”。直到今天，到重庆钓鱼城参观的欧洲人还有很多。

这一时期，也出现了很多奋力抗元、可歌可泣的英雄。文天祥在南宋危亡之际，坚决领兵抗敌，兵败被俘。在狱中他受尽折磨，拒绝元人的诱降，宁死不屈，英勇就义。这种民族气节万世流芳。“人生自古谁无死，留取丹心照汗青”一句足以表现中华传统儒家文化教育下知识分子的气节与信仰。

元朝以武力统一后，治理国家的方式与中国传统政治治理方式（文治武功）迥异。具体表现在如下几个方面。一、政治上分阶级：元代把人分成四等，一等人，蒙古人。二等人，色目人。也就是西域各部族，共三十余族。三等人，汉人，就是黄河流域的中国人。四等人，南人，是长江流域及其长江以南的中国人，也就是南宋当年统治的范围。这四种人的政治待遇相差甚远。汉人、南人不得为正官和正职。地方行政长官刚开始时都是实行世袭制，到县尉这个级别，多用色目人，他们不识汉文，治理得乌烟瘴气。蒙古族的怯薛，是元朝的禁卫军，后来发展成为封建制的宫廷军事官僚集团，是元代官僚阶层的核心部分。是官员出身的一种正途，后来腐败至极，发展到只要出钱，就可以买到怯薛的身份。怯薛是皇帝近侍，最受宠信，常常为自己、为他人向皇帝求官，插手朝政，甚至能影响朝廷决策。外臣、大商人，僧道等在朝廷营私舞弊，多是勾结怯薛进行的。据记载，大德到至大年间，不经中书省而由怯薛直接奏准发下的玺书达六千三百多道，内容多涉及田土纠纷、金银铁冶、进贡奇货、官司诉讼等等。怯薛的这些行为造成的政治混乱是元朝统治日趋腐朽的一个标志。可以这样讲，元朝的政治，只有两项：一是防止造反。二是横征暴敛。所以贪污腐化是元朝政治治理的一个常态。

元朝军队主要由四部分构成：一为蒙古军。二为探马赤军，如镇守边关的各部族首领。三为以中原汉人为主的汉军。四为新附军，即灭南宋时收附的许多降军。禁止汉人习武艺、持兵器、集众买卖，禁止夜行。蒙古人为军人兼贵族，拥有各种特权，多用回族人为他们经营财利。汉人中地位较高者为工匠。蒙古军攻占各地屠城时，只有工匠免死。

用钱穆在《国史大纲》中的评论就是：蒙古人在武力的镇压与财富的攫占之外，缺少一种精神生活的陶冶。他们只有一种宗教的迷信，算得是他们的精神生活。蒙古人信奉佛教。因此在蒙古的政治局面里，僧侣占到很高的位置。皇室佛事，占国家财政经费一半。

当时社会阶层分为十个等级：他们按职业把人分为十等：一官、二吏、三僧、四道、五医、六工、七猎、八民、九儒、十丐。上自先秦以来占有重要位置的士大夫（读书人）竟然只排在乞丐的前面。一个没有读书人的政权来治理这么大的一个国家，混乱的程度可想而知。根据黄宗羲《明夷待访录》中的记载，元朝的法律规定：蒙古人可以殴打汉人，汉人不能还手。蒙古人殴打汉人致死，判罚蒙古人当兵打仗。有制定这样法律的政权，加之各级执政者争相腐败，政权的瓦解只是一个时间的概念。

钱穆在《国史大纲》中评价道：元人入主中国，经历一百余年，中国自秦汉以来传统的文治政权的意识，始终未接受过去。他们的政治，始终不脱古代贵族封建，武装移植的气味。然而当时一般社会文化、经济的水准，却比春秋时代在贵族封建下的农民，高出百倍。蒙古人的倒退政治，到底不能成功，因此社会变乱百出。

江南归附十年，盗贼迄今未靖。蒙古的铁蹄，所向披靡，横扫亚欧，却因为不懂文治武功的政治治理方式，最终在此起彼伏的农民起义军的打击下退出了历史的舞台。正应了一句古话：公则四通八达，私则以偏而隅。所以，元朝退出历史舞台是历史发展的必然趋势。

一声叹息——267 年的大清王朝

钱穆在《国史大纲》中有一段著名的论述：一个政权的生命，必须依赖于某一种理论的支撑。此种理论同时即应是正义。正义授予政权以光明，而后此政权可以绵延不倒。否则，此政权将为一种黑暗的势力，黑暗根本无可存在，必趋消失。

明朝后期吏治极其黑暗，自然会被历史淘汰，历史的脚步走进了清朝。清朝的政治治理和格局，用钱穆先生讲的话就是一种“部族政权的私心”。为何如此讲？钱穆在《中国历代政治得失》一书中讲过，因为清政府所用的封疆大吏都是从满族部落的私心出发，用的是满族部落的人，可以讲清政府只是用法术在治理国家，而不是用好的政治制度在治理国家。而清朝的政治制度的设置就是存心扶持和保护满族人（此处和元朝的用心是一样的)，那么，这种政治私心太重，自然会被历史淘汰。举例说明：各省总督、巡抚在原则上只能用满族人。至于汉族人带满族兵做大将军的，两百年间，只有一个岳钟琪。这实际上就是制度不公平。到了太平天国之役，满族人自己实在没办法。曾国藩、左宗棠、李鸿章替满族人再造中兴，成为封疆大吏才开始转到汉族人手里。然而甲午战争失败前后，封疆大吏又都起用满族人了。

这可以说明清代政治完全是一种军事统治，而这种军事统治又完全是一种部族统治，因为兵权是完全归于这个部族（满族）统治的。

从清政府对待汉人的历史态度，我们可以解读一下部族统治的先天性缺陷。努尔哈赤时期极端排斥汉人，抓住的汉人分赐给满人为奴隶。抓住儒生，就杀。到皇太极清太宗时期，则改用怀柔政策，满汉分居，到顺治入关时，开始重用投降的明朝大臣，江南平定，清政府强行推行剃发令——“留头不留发，留发不留头”极端残忍的野蛮政策。江阴、嘉定皆遭屠城之惨。剃发易服的政治原因应该是满族统治者将剃发作为汉人是否接受清朝统治的重要身体标志，通过剃发易服来打击、摧垮汉族的民族精神和文化认同。到康熙雍正年间，又实行高压的文字狱。

清政府入关后，在政治治理上沿用明代政体，不设宰相，以大学士理国政，以便君主独裁。但清政府也吸取了元朝的教训，实行开科取士，清朝初期诸位皇帝的汉化与有限度的公开政权，是汲取

摄于北京故宫。

文人从政的一个明智之举。从某种角度上说，也是没有办法的办法，总不能靠野蛮屠杀和武力镇压来治理大好河山吧？元朝已是前车之鉴。于是继续实行科举制度选拔人才，太子的老师必须是博学鸿儒，皇帝也拜孔子。康熙推崇儒学，于天文地理皆有所通晓，可为清朝第一好学皇帝。这在历史上都有史料可证。毕竟，一个部族管理这么大一个国家，如果不遵循历史的传承来规范，一切按照部族的设想来治理，是不可能的。清政府对官员的任命沿袭元朝，实行满汉分治，实权都掌握在满族人手中。清政府的统治者一面钳制士大夫阶层的反清情绪，一面又讨好社会下层民众。文化上则大兴文字狱。科举选拔人才，但不委以重任。到雍正时期，雍正对西北用兵平叛乱，为了解决部族庸官之间摩擦所造成的矛盾，特设立军机处，提高效益，加强军事独裁。军机处之权超过了内阁。至于封疆大吏的任命，全由帝王旨意和好恶，何来公平所言？封疆大吏、各省都督、巡抚大臣、大将军，都由贝勒、贝子、王公出身的满人把持，国家的财政收入用于兵饷。

但是满清八旗子弟承平太久，荣华富贵的日子过惯了，逐渐变得好逸恶劳、不务正业，沾染上了吃喝嫖赌的毛病，文化缺失和自身恶习造成的劣行日益严重。乾隆后期，国势已呈衰退之势，最终还是没逃出历史的循环。嘉庆扳倒和珅，抄家时统计出和珅贪污的钱财数目相当于清政府好几年的财政收入，才有“和珅跌倒，嘉庆吃饱”的民谣。其实不止和珅如此，满族出身的封疆大吏没有一个省油的灯，争相贪腐，至于基层，“三年清知府，十万雪花银”的民谣也能反映当时的吏治状况。总之，政权腐败已经病入膏肓，难有回天之力。

到乾隆末年，民变之事此起彼伏。乾隆三十九年有王伦临清之乱，乾隆四十六年甘肃回民叛乱，乾隆六十年湘、贵苗变以及川、楚教匪之乱。其中川楚教匪之乱直到嘉庆七年才平息。加之浙江、福建的海寇，山东天理教，到道光末年太平天国运动爆发，彻底摧毁了大清的根基。

道光年间的太平天国起义时，形成了一次大的社会动荡，导致清朝政府从此步入内外交困的环境中。清政府任命的满族大臣除了会打败仗之外，剩下的功夫便是贪污腐化，于是，清政府不得不重用汉人，这样，中兴大臣曾国藩、左宗棠、胡林翼、李鸿章登上了历史舞台。

到了道光年间，社会治理弊端积重难返，清王朝进一步衰落，加之西方挟武器和鸦片而来，1842 年清朝在鸦片战争中失败，签订了丧权辱国的《南京条约》后。道光皇帝在忧郁中去世，位传咸丰，咸丰早逝，后宫开始理政，到同治、光绪、宣统，晚清的这些皇帝均没有什么作为。

1861 年之后发生了近代史上的几件大事。一为洋务运动，以中学为体，西学为用的指导思想。实际上，经过 150 多年的时间，到了现在，我们回头一看，中学为体，西学为用还是正确的。一个国家的历史和文化具有延绵性和传承性，好的要继承，腐朽的要根除。

摄于胡雪岩故居轿厅，清同治皇帝赐给胡雪岩“勉善成荣”的御匾。

比如，儒学中的礼义廉耻到今天仍是我们的道德标杆和行为准则。随着中西方文化的交流深入，西方现在也在学习我们的一些传统规范。而女人小脚、长辫子、吸鸦片、麻将牌、迷信等陋习需要根除。二为戊戌变法。三为辛亥革命。戊戌变法失败后，社会的各个阶层意识到自上而下的改良运动在当时行不通，革命的理念已经在社会上传播开，辛亥革命应运而生，符合历史发展的大势，大清王朝走到了历史的尽头。

钱穆在《国史大纲》中有一段著名的论述：一个政权的生命，必须依赖于某一种理论的支撑。此种理论同时即应是正义。正义授予政权以光明，而后此政权可以绵延不倒。否则，此政权将为一种黑暗的势力，黑暗根本无可存在，必趋消失。

晚清政府腐败无能，签署了不少丧权辱国的条约，已进入垂暮之年，而西方社会工业发展迅速，正是血气方刚之时。两厢抗衡，结果可想而知，中国民族真是走到了生死存亡的紧要关头。从清末到民国，从民国到建国前，真可谓城头变幻大王旗，政权不稳定，政治腐败，民不聊生。

司马光说过，鉴前世之兴衰，考当今之得失。历史为我们指引了前进的方向。用张载的话讲就是：为天地立心，为生民立命，为往圣继绝学，为万世开太平。

自上而下的改革缘何也失败——戊戌变法

戊戌变法指1898年6月（农历戊戌年）以康有为为首的改良主义者通过光绪皇帝所进行的资产阶级政治改革，这次改良运动遭到以慈禧太后为首的守旧派的强烈反对，同年9月慈禧太后等发动政变，光绪帝被囚至中南海瀛台，维新派康有为、梁启超分别逃往国外，戊戌六君子被杀害。变法宣告失败。戊戌变法是中国近代具有重大意义的一次资产阶级改良运动，是一场思想启蒙运动，符合中国近代历史发展的大趋势，具有爱国救亡的积极意义。此次变法证明，在半殖民地的国家中实施改良，失败不可避免。但是，拯救中华民族安危的这种思想已经在酝酿。没过多少时间，辛亥革命就爆发了。

根据康有为等人的建议，光绪皇帝颁布了一系列变法诏书和谕令。主要内容有：经济上，设立农工商局、路矿总局，提倡开办实业；修筑铁路，开采矿藏；组织商会；改革财政，取消旗人由国家供养的特权，令其

光绪皇帝实际上是一个被架空的皇帝，没有军事权和人事任命权。加之当时的变法没有政治核心层的支持，超出了政治常规，变法的设计缺乏理性和刚性的执行方案，所以遭到了满族权贵的集体反抗。当时的满清大臣，有“搜刮大王”之称的刚毅就曾说过：汉人强，满洲亡。汉人疲，满洲废。这些满族大臣害怕失去权利和特权，形成利益集团集体抵制变法。结果可想而知。也正因为满族狭隘的部族观念断送了大清江山，一场顺应历史潮流的革命已经在酝酿。

自谋生计。政治上，广开言路，允许士民上书言事；改订律例；裁撤冗员；澄清吏治；裁汰绿营，编练新军；添置船舰；扩建海军。文化上，废八股，兴西学；设立中小学堂；创办京师大学堂；设译书局，翻译外国书籍；允许设立报馆、学会；派留学生；奖励科学著作和发明。这些革新政令，目的在于学习西方文化、科学技术和经营管理制度，发展资本主义，建立君主立宪政体，使国家走向富强，摆脱受到资本主义强国分割的积弱状况。

此刻，清政府中的一些权贵官宦、守旧官僚对新政措施托词抗命。慈禧太后在光绪皇帝宣布变法的第五天，就控制了人事任免和京津地区的军政大权，准备发动政变。维新派在手无实权的情况下向手握军权的袁世凯求救，最后却被袁世凯出卖。

戊戌变法是一次皇帝支持的自上而下的改革，可是却遭到了失败。其中的原因值得我们反思。

戊戌变法，容许清王室存在，可是却遭到了部族官僚群体的反对，以失败告终。当时的时局状态是，满朝只知道慈禧太后，而无视光绪皇帝。加之光绪皇帝体弱多病，容易感情用事，缺乏刚毅、果断、机警等起码的帝王气质，不足以担当起扭转乾坤的重担。光绪皇帝实际上是一个被架空的皇帝，没有军事权和人事任命权。加之当时的变法没有政治核心层的支持，超出了政治常规，变法的设计缺乏理性和刚性的执行方案，所以遭到了满族权贵的集体反抗。当时的满清大臣，有“搜刮大王”之称的刚毅就曾说过：汉人强，满洲亡。汉人疲，满洲废。这些满族大臣害怕失去权利和特权，形成利益集团集体抵制变法。结果可想而知。也正因为满族狭隘的部族观念断送了大清江山，一场顺应历史潮流的革命已经在酝酿。

第三部分

历史责任与历史担当

- 辛亥革命—— 千年的变局
- 抗日战争的胜利——中华民族精神的具体体现
- 中华人民共和国的建立——走向复兴之路
- 敬畏中华历史的传统性与延绵性

辛亥革命——千年的变局

1911年（清宣统三年），中国爆发了资产阶级民主革命。因该年为农历辛亥年，所以叫辛亥革命。当时清政府日益腐朽，帝国主义对中国的侵略进一步加深，中国民族资本主义初步成长，革命就是在这种基础上发生的。辛亥革命的目的是彻底推翻清朝的专制统治，挽救中华民族于危亡之际，争取国家和民族的独立、民主和富强。领导这次革命的是中国资产阶级的政党同盟会及其领袖孙中山。这次革命结束了中国长达两千年之久的君主专制制度，是一次伟大的革命运动。

辛亥革命的爆发说明了一个问题，当时的中国，由腐败政府领导的改进社会、摆脱受帝国主义野蛮侵略的事实行不通。社会的历史经验已经告诉我们，自上而下的改革代价小，自下而上的革命代价大。辛亥革命，满清政府虽然解体，但此政权所遗留的各种恶势力却没有完全崩溃。而民众对于新社会还有一个理解和认识的过程，正如孙中山先生说的“革命尚未

袁世凯在全国人民的骂声中死去，紧接着就是城头变幻大王旗的民国乱局。兵变与内乱成了当时的常态，而各地军阀祸害百姓，乱象丛生，在历史上也是少有的。军阀混战，国家的元气大伤，政治没有中心，国家政权处于风雨飘摇之中，外患就会接踵而至。这是历史的教训。

摄于陕西榆林红石峡。

成功，同志仍须努力”一样。

辛亥革命的胜利成果最后被袁世凯窃取，然后就是帝制、复辟等闹剧的上演。袁世凯在全国人民的骂声中死去，紧接着就是城头变幻大王旗的民国乱局。兵变与内乱成了当时的常态，而各地军阀祸害百姓，乱象丛生，在历史上也是少有的。军阀混战，国家的元气大伤，政治没有中心，国家政权处于风雨飘摇之中，外患就会接踵而至。这是历史的教训。

此后，帝国主义乘机加紧瓜分中国的步伐，中国被迫签订了一系列的不平等条约。此段历史可谓伤痕累累。民国军阀黑暗的统治加上帝国主义的侵略，民众陷入水深火热的境地，苦不堪言，民不聊生。此后皖系、直系、奉系和晋系四系军阀明争暗斗，中央政权频频易主，军阀头子相继登场，弄得政治环境乌烟瘴气，丑闻不断，一团混乱。

直到蒋介石 1928 年二次北伐，张学良易帜，国民政府才完成了名义上的统一。但是，中华民国的统一没有多长时间，随着 1931 年九一八事变的爆发，抗日战争的历史拉开了序幕。

关于辛亥革命的意义，胡锦涛同志在纪念辛亥革命100周年大会上讲道：

1840年鸦片战争以后，中国逐步成为半殖民地半封建社会，西方列强野蛮入侵，封建统治腐朽无能，国家战乱不已，人民饥寒交迫，中国人民和中华民族遭受了世所罕见的深重苦难。在那个内忧外患接踵而至的年代，一切关心国家和民族前途命运的人们无不痛切感到，要实现民族独立、人民解放和国家富强、人民富裕，就必须推翻封建专制统治，对中国社会进行根本变革。辛亥革命的爆发，是当时中国人民争取民族独立、振兴中华深切愿望的集中反映，也是当时中国人民为救亡图存而前赴后继顽强斗争的集中体现。

辛亥革命推翻了清王朝统治，结束了统治中国几千年的君主专制制度，传播了民主共和的理念，以巨大的震撼力和深刻的影响力推动了近代中国社会变革。虽然由于历史进程和社会条件的制约，辛亥革命没有改变旧中国半殖民地半封建的社会性质，没有改变中国人民的悲惨境遇，没有完成实现民族独立、人民解放的历史任务，但它开创了完全意义上的近代民族民主革命，极大推动了中华民族的思想解放，打开了中国进步潮流的闸门，为中华民族发展进步探索了道路。

孙中山先生和辛亥革命先驱为中华民族建立的历史功绩彪炳史册！在辛亥革命中英勇奋斗和壮烈牺牲的志士们永远值得中国人民尊敬和纪念！辛亥革命永远是中华民族伟大复兴征程上一座巍然屹立的里程碑！

辛亥革命后，接受这场革命洗礼的中国先进分子和中国人民继续顽强探寻救国救民道路。1921年，在马克思列宁主义同中国工人运动的结合中，中国共产党应运而生。中国人民有了用先进理论指导的马克思主义政党的领导，中国革命出现焕然一新的面貌。

孙中山先生曾经说过，“统一”是中国全体国民的希望。能够统一，全国人民便享福；不能统一，便要受害。

抗日战争的胜利——中华民族精神的具体体现

弱国无外交。历史的教训一再证明，国际法是在势力均衡时起作用，在势力失衡时，还是一个国家的整体实力说了算。所以，凝聚共识，形成合力，为中华民族的伟大复兴群策群力，同心同德至关重要。

关于抗日战争中的各种艰苦卓绝的战斗，历史教科书以及电视剧的宣传已经很多了，用不着笔者在此多加累述。只是在那么困难的情况下，抗日战争能取得胜利，说明中华民族是一个伟大的民族，呈现出愈挫愈勇，自强不息的民族精神。而正是这种民族精神，才是中华文化几千年延绵不倒的真正原因。支撑这种民族精神的是中华文化。正如清华大学的校训“天行健，君子以自强不息；地势坤，君子以厚德载物”。这句话出自群经之首《周易》。（唐朝宰相虞世南说过，不读《周易》，不可为将相。）直到今天，有些高级干部出现腐败现象的根源，与不读历史书籍有关。其二，国家的政治如果不稳定，必然招致外来民族的侵略。所谓内忧外患就是如此。其三，落后导致挨打。其四，历史上的汉奸和叛徒最终没有一个有好下场。其五，团结各民族的力量，群策群治，团结一心，没有什么困难克服不了。其六，今天的和平环境来之不易，是多少人民英雄用自己的鲜血换来的，我们应该珍惜和平，维护和平，捍卫和平。其七，弱国无外交。历史的教训一再证明，国际法是在势力均衡时起作用，在势力失衡时，还是一个国家的整体实力说了算。所以，凝聚共识，形成合力，为中华民族的伟大复兴群策群力，同心同德至关重要。

让我们梳理一下抗日战争的艰辛历史，回顾一下历史的创伤。以史为鉴，敬畏历史，前事不忘后事之师。珍惜今天，才能更好地建设明天。抗日战争分三个阶段：防御阶段、相持阶段、反攻阶段。每一个阶段都很艰辛惨烈，所有在抗战中牺牲的将领和战士都会名垂千秋，功标青史。

1931年9月18日，日军制造九一八事件，发动侵华战争，中国人民局部抗日战争开始。9月23日，中共中央作出《中央关于日本帝国主义强占满洲事变的决议》，号召华北人民组织抗日武装，直接打击日本侵略者。11月，马占山率部进行江桥抗战。

1932年1月28日，日军制造一二八事变，中国第十九路军奋起抵抗。3月1日，日本炮制的伪满洲国成立。

1933年1月1日，日军向山海关进攻，中国军队奋起抵抗，揭开抗战的序幕。1月26日，中共中央向中共满洲省委发出指示，提出在华北组织全民族抗日统一战线策略。

1934年4月17日，日本外务省发表声明，声称要排挤英、美在华势力，独占中国。7月15日，中华苏维埃共和国政府和革命军事委员会发表《为中国工农红军北上抗日宣言》。

1935年8月，中国共产党发表《八一宣言》，号召停止内战，一致抗日。12月9日，北平爆发一二九爱国学生运动。12月25日，中共中央政治局召开瓦窑堡会议，确定建立抗日民族统一战线的策略方针。

1936年2月20日，东北人民革命军等武装联合发表《东北抗日联军统一军队建制宣言》。12月12日，张学良、杨虎城发动西安事

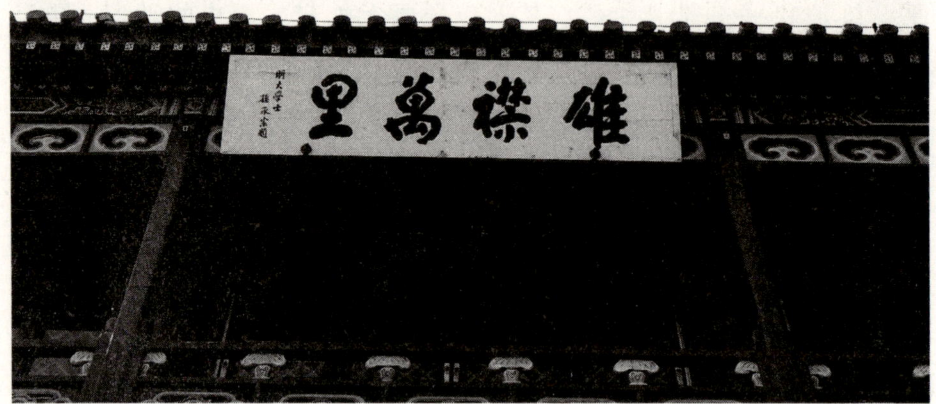

摄于河北山海关。

变，逼蒋停止内战，联共抗日。

1937 年 7 月 7 日，日本制造七七事变，中国守军奋起抵抗，全国抗战开始。8 月 22 日，中国工农红军主力改编为国民革命军第八路军（9 月改为 18 集团军）。9 月 22 日，国民党中央通讯社发布《中国共产党为公布国共合作宣言》。次日，蒋介石发表谈话，承认中国共产党的合法地位，第二次国共合作正式形成。9 月 25 日，八路军第 115 师在山西平型关伏击日军，首战告捷。10 月 12 日，南方八省十四个地区（不含琼崖）的红军游击队，改编为国民革命军陆军新编第四军。

1938 年 4 月 7 日，中国军队取得台儿庄战役胜利。5 月，毛泽东发表《论持久战》。6 月到 10 月，中国军队进行武汉保卫战。

1939 年 12 月，中共中央中原局会议确定华中新四军的战略任务为：向西防御，向东发展，开辟苏北。12 月 31 日，中国军队取得昆仑关大捷。

1940 年 3 月 30 日，汪精卫在南京组建伪中华民国国民政府。3 月至年底，各抗日根据地进行一系列反扫荡作战。8 月 20 日，八路军发动百团大战。

1941 年 12 月 8 日，日军偷袭美国海军基地珍珠港，太平洋战争爆发。12月9日，中国对日、德、意宣战。12月至次年1月，中国军队取得第三次长沙会战胜利。

1942年1月1日，美、英、苏、中等26个反法西斯国家共同签署《联合国家宣言》。2月25日，中国组建远征军开赴缅甸，与盟军协同作战。

1943年1月11日，中美、中英分别签订新约，美、英交还在华租界和废除一系列在华特权。10月，中国驻印军展开缅北反攻作战。11月22日至26日，美、中、英三国首脑在开罗举行会议，签署《开罗宣言》。

1944年4月，日军在中国发动旨在打通大陆交通线，代号为一号作战的豫湘桂战役。5月11日，中国远征军发起滇西反攻作战。

1945年4月25日至6月26日，联合国制宪会议在旧金山召开，中国成为联合国安理会常任理事国。7月26日，美、中、英三国发表敦促日本无条件投降的《波茨坦公告》，后苏联声明成为公告签署国。8月15日，日本天皇裕仁以广播《终战诏书》的形式，宣布接受《波茨坦公告》。

抗日战争八年，中国军民伤亡3500多万人，间接经济损失5000亿美元（按1937年的比值计算）。中国人民抗日战争的胜利，结束了自鸦片战争以来中华民族遭受外来侵略的百年耻辱史，谱写了近代中华民族反抗帝国主义侵略史上最辉煌的篇章。可谓是，黄河欢笑长城喜，举国欢腾庆胜利。中国人民抗日战争是世界反法西斯战争的重要组成部分和东方主战场。中华民族为世界反法西斯战争的胜利做出了巨大的牺牲和历史贡献。中国人民抗日战争，是近代以来中国反对外来敌人入侵第一次取得完全胜利的民族解放战争。中国人民抗日战争的胜利，成为中华民族由衰败走向振兴的重大转折点，为中国共产党团结带领全国各族人民实现民族独立、人民解放和建立新中国奠定了基础，也对世界各国人民取得反法西斯战争的胜利，争取世界和平的伟大事业产生了巨大影响。正如斯大林所说：只有当日本侵略者的手脚捆住的时候，我们才能在德国侵略者一旦进攻我国的时候避免两线作战。罗斯福的评价是：假如没有中国，假如中国被打垮了，你想一想有多少个师团的日本兵，可以调到其他方面来作战，他们可以马上打下澳洲，打下印度……可以毫不费力地把这些地方打下来，他们并且可以一直冲向中东。英国的丘吉尔说：如果日本进军西印度洋，必然会导致我方在中东的全部阵地崩溃。而能防止上述局势出现的只有中国。（以上资料来自中国人民抗日纪念馆）

1938年，日军占领武汉后，停止正面进攻，转而封锁中国沿海地区，并逐步侵占越南、缅甸，企图切断滇缅公路——中国当时唯一的生命补给线，进而威胁中国西南大后方，困死封锁中国。

1942年—1945年，为保卫滇缅公路，中国国民党政府两次派出最精锐部队30万出兵缅甸与日寇作战，伤亡15万余人，全歼日本18兵团（日本号称不可战胜之师）、55兵团、56兵团的缅甸日军，用鲜血捍卫书写了抗日战争史上极为悲惨壮烈的一笔，为中华民族赢得了威信和荣誉。蒋介石当时为中国远征军的题词是：一寸山河

摄于云南丽江木府，“为国干城”是为国效力做国家的捍卫者的意思。

一寸血，十万青年十万军（有834名西南联大的学生参军）。当时的战况十分惨烈。中国远征军在缺乏粮草弹药的情况下同日军一次次进行肉搏战，到最后为国捐躯，可谓惊天地，泣鬼神。其中的松山战役打得极为艰苦，这次战役以中国军队胜利为结局，写入了美国西点军校的战争案例。于右任在得知腾冲之战胜利后题词：为世界，为正义，为祖国争自由，腾冲一战，碧血千秋。

从抗日战争到解放战争，从解放战争到建国大业，从建国大业到今天的民族复兴，可谓波澜壮阔，来之不易。直到今天，这种自强不息、厚德载物的精神仍然散发着自己的光辉。这就是一种历史责任和历史担当。正如人民英雄纪念碑的碑文中写到的：

三年以来，在人民解放战争和人民革命中牺牲的人民英雄们永垂不朽！

三十年以来，在人民解放战争和人民革命中牺牲的人民英雄们永垂不朽！

由此上溯到一千八百四十年，从那时起，为了反对内外敌人，争取民族独立和人民自由幸福，在历次斗争中牺牲的人民英雄们永垂不朽！

中华人民共和国的建立——走向复兴之路

正如党的十八大报告中提出的：我们坚定不移高举中国特色社会主义伟大旗帜，既不走封闭僵化的老路，也不走改旗易帜的邪路。自1840年以来，我们先学习日本，后学习德国、英国、俄国、苏联、美国。最终发现，没有哪个国家的政治制度能拯救中国。我们只有结合自己的传统政治的特点，汲取世界先进的政治经验，创建出自己的一套政治和理论，只有这样，才会走得更好更远。

1949年10月1日，在北京天安门广场举行开国大典。毛泽东在天安门城楼上宣告中华人民共和国中央人民政府成立，中华人民共和国正式成立。

从1840年鸦片战争以来，外国列强凭借枪支大炮强迫腐败无能的清政府签署了多个不平等条约。抗日战争爆发，中华民族遭遇了历史上少有的亡国灭种的危险地步。在救亡图存的环境中，无数仁人志士屡败屡战，不断探索救国强国之路。然而真正把中国人民和中华民族带上实现“中国梦”的人间正道的，是中国共产党。

中国共产党自1921年诞生之日起，就在华夏大地掀起了一场前所未有的彻底反帝反封建的新民主主义革命。在这场史无前例的伟大革命中，中国共产党经历过一次又一次血与火的考验。从大革命失败的血雨腥风到井冈山的星火燎原，从第五次反“围剿”失败到经过万里长征后在抗日烽火中再起，从奋起反击国民党军的全面内战到五星红旗在天安门广场冉冉升起，正可谓“雄关漫道真如铁，而今迈步从头越！”

从1840年起，到建国大业，中华民族为实现中华民族崛起，整整走过了109年，才迈出了赢得民族独立、人民解放的第一步。在这109年的前80年间，中国人民始终在黑暗中探索。只有中国共产党的诞生和奋斗，才把中国从黑暗引向了光明。在整个中国革命中，中国共产党为了实现“中国梦”牺牲了数百万优秀党员，中华民族牺牲了上千万英雄儿女，英烈们的鲜血染红了五星红旗。对于这段历史和为这段历史而献身的先烈，我们要永远铭记。

所有成长的道路都非一帆风顺，社会每前进一步都会有代价。历史每向前推进一步，也会有历史的代价。不付出代价的进步是难以想像的。

中国共产党历来就是一个学习型政党，中国共产党十一届三中全会以来，邓小平同志一面坚持和发展毛泽东思想，实事求是地纠正毛泽东晚年所犯错误，并充分肯定毛泽东同志的历史地位和伟大功绩，一面应对新问题、解决新问题，走向改革开放，极大地解放和发展了

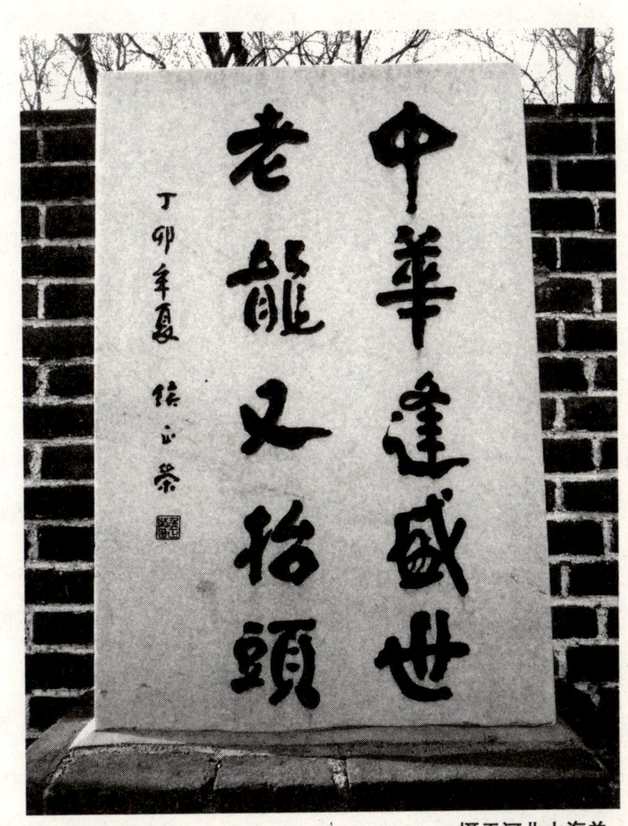

摄于河北山海关。

社会生产力，创造出令世人惊叹的中国奇迹。

改革开放新时期全部成就归结到一点，就是开辟中国特色社会主义道路，形成中国特色社会主义理论体系，确立中国特色社会主义制度。

正如党的十八大报告中提出的：在中国共产党成立一百年时全面建成小康社会，在新中国成立一百年时建成富强、民主、文明、和谐的社会主义现代化国家。我们坚定不移高举中国特色社会主义伟大旗帜，既不走封闭僵化的老路，也不走改旗易帜的邪路。自1840年以来，我们先学习日本，后学习德国、英国、俄国、苏联、美国。最终发现，没有哪个国家的政治制度能拯救中国。我们只有结合自己的传统政治的特点，汲取世界先进的政治经验，创建出自己的一套政治和理论，只有这样，才会走得更好更远。

实现中华民族伟大复兴，是全体中华儿女的伟大梦想和共同愿望，也是中国近现代史的主题。

中国在人类社会发展史上曾经长期处于领先地位，但进入近代以后，逐渐落伍了。1840年以后，由于西方列强的入侵和满清王朝的腐朽，中国一步步沦为半殖民地半封建社会。为了改变国家和民族的命运，一批又一批仁人志士进行了艰辛努力和不懈探索。然而，从太平天国到洋务运动，从戊戌变法到辛亥革命，都没有完成救亡图存的历史使命。实践证明，不触动封建根基的自强运动、旧式的农民起义、资产阶级革命派领导的民主革命，都无法改变中国的命运。

1921年，中国共产党应运而生。中国共产党自诞生之日起，就肩负起实现中华民族伟大复兴的神圣使命，团结带领全国各族人民完成了民族独立和人民解放的历史任务。新中国成立之后，中国共产党又带领人民实现了从新民主主义到社会主义的过渡，开始了在社会主义道路上实现中华民族伟大复兴的历史征程。

中国是四大文明古国之一，有着悠久的历史文化。是世界国土

镌刻在巨石上的“实事求是”为中国人民大学校训。

面积第三大的国家，世界第一大人口国家，与英、法、美、俄并为联合国安理会五大常任理事国。中国是第一贸易大国、世界第一大外汇储备国、世界第一大钢铁生产国、世界第一大农业国、世界第一大粮食总产量国以及世界上经济成长最快的国家。历史已经证明，中国自身的稳定发展为世界和平做出了贡献。

正如十八大报告中所提到的，让我们高举中国特色社会主义伟大旗帜，更加紧密地团结在党中央周围，为全面建成小康社会而奋斗，不断夺取中国特色社会主义新胜利，共同创造中国人民和中华民族更加幸福美好的未来。

敬畏中华历史的传统性与延绵性

如何实现长治久安是历朝历代都重视的问题。用唐太宗李世民在《贞观政要》中的观点就是：为政之要，唯在得人。《贞观政要》梳理了大唐盛世大政方针做得成功的地方，主要有偃武修文，崇尚儒学，加强礼治，执法宽松，休养生息，安定百姓，采取怀柔政策安抚周边少数民族等。

纵观几千年的中华历史，可谓曾经辉煌，如汉唐盛世，长安是全世界的文化和政治中心。曾经衰败，如五代十国、清代末期，国破山河在，各种瓜分中国的条约多不胜数，外国租界甚至挂出“华人和狗不得入内”的牌子。但是，自强不息的中华民族直到今天依然繁荣昌盛，生机勃勃。明朝大儒黄宗羲在《明夷待访录》中写道：从尧帝到秦，中间共有二千一百三十七年，从秦朝到今天的一千八百七十四年，中国被夷狄分裂的时候有四百二十八年，被夷狄占据的时候有二百二十六年。针对明朝亡国教训，一代大儒黄宗羲、顾炎武、王夫之认为，明末过分嘈杂的言论和观点多歧的思想应该为明朝亡国负起责任。三大儒强调思想权威的重要性也符合儒家的思路：文化由国家控制。

由此可见，在中华历史五千年的长河中，战乱和分裂时期是654年。加上清末到中华人民共和国建立的这段时间，历史呈现的几

摄于陕西榆林白云观。

个特点和历史教训值得我们深思。

其一，中华历史，和平年代远远大于分裂年代。由此可见，和平统一是历史的大势所趋，任何人都阻挡不了。内忧外患，“内忧”指的就是朝廷内部问题严重。比如汉朝的外戚当政，导致朝廷衰败。唐朝的地方藩镇引起安史之乱，大唐趋于没落。积弱的大宋王朝宋人议论未定，金人兵已过河。明朝是彻底的皇帝专制，取消了宰相制度，导致太监乱政，清兵趁乱入关。清朝末年，朝廷腐败无能，内忧导致外患。民国的战乱政治没有中心，军阀混战，导致日军入侵。所以，如何构建一个强有力的中央政府，消除内部的不安定因素，同心同德，齐心协力建设一个富强民主的国家才是历史的大课题。

其二，只要是和平统一的朝代，就会出现盛世王朝。中华历史上的盛世很多，但都是在和平统一，中央集权的情况下。这一点尤为重要。中西文化和历史背景都不一样。文化有地域性，历史有延绵性，而社会的发展日新月异，科技及交通工具的发展带来文化交流的日益频繁，就必然会出现文化的深层次交融。费孝通曾经说过，只有当不同族群、民族、国家以及各种不同文明达到了某些新的共识，世界才可能出现一个相对安定祥和的局面，这是全球化进程中不可回避的一个挑战。而美国推崇的所谓民主的价值观就是一个民

摄于湖南长沙岳麓书院。

族，一个国家。这明显是一个极端自由主义的原则。这个观点会导致民族冲突加剧，政治、宗教、族群矛盾冲突加剧。这一点我们应该高度警惕。

其三，中华历史通常只要政权稳定，社会就会进步，长治久安就会实现。但从汉朝到清朝呈现一个历史特征，那就是处理好中央集权与地方郡县发展的关系至关重要。孙中山先生曾提出这个问题。也就是说，在政治统一的基础上，如何能改进地方郡县的发展。顾炎武认为，如果朝廷早早分权给地方郡县。即使朝廷垮了，地方郡县还有办法抗击外来侵略。

其四，如何实现长治久安是历朝历代都重视的问题。用唐太宗李世民在《贞观政要》中的观点就是：为政之要，唯在得人。《贞观政要》梳理了大唐盛世大政方针做得成功的地方，主要有偃武修文，崇尚儒学，加强礼治，执法宽松，休养生息，安定百姓，采取怀柔政策安抚周边少数民族等。

纵观中华历史，盛世时都注重儒家，衰世和乱世时异教邪说就会大行其道。这一点应该重视。用习近平总书记的话讲就是：意识形态工作极端重要。

自 1840 年以来，我们先后学习了日本，德国，英国，苏联，美国。突然发现，没有哪一个国家能为我们开出一剂良方。总是跟在别人的后面学习，一味的模仿抄袭，到头来害苦了我们自己。历史的教训就在历史中，中国的问题，还需从自身的历史政治传承中去汲取营养。只有这样，才能解决现实问题。纵观当今世界各国，学习西方的所谓价值观，学习的越多，乱的就越快。伊拉克、埃及、利比亚、阿富汗、泰国、克里米亚等等，这些教训，难道不值得我们借鉴？

历史没有对错，关键在于我们如何从历史中汲取教训，敬畏自己历史的传统性和延绵性，汲取优秀的历史智慧为现在政治所用，构建长治久安的治理格局也是一个大课题。培养第一流的人才，从格物、致知、诚意、正心、修身、齐家、治国、平天下开始尤为重要。用孟子的话来说是“学问之道无他，求其放心而已矣”。如果人人都是好人，到处都是善人，各级官员都是为人民服务的官员，那社会就是一个美满和谐的社会，是我们追求的理想家园。

第四部分

警醒的历史案例

- 模范皇帝如何面对腐败
- 信息畅通有多重要
- 国有四维
- 破解官员抑郁症的良方
- 郡县制，天下安
- 从文化传统的角度解读太平天国运动失败的原因
- 戒骄戒躁是党政干部的基本修养
  ——再读《甲申三百年祭》

模范皇帝如何面对腐败

西汉汉文帝时期，有大臣给汉文帝送千里马，皇帝不好批评大臣，只好在上朝时下一道诏书。短短30字，改变了一个朝代的政治风气，向着风清气正、廉洁正派的社会发展。汉文帝时代奠定了“文景之治”盛世的基础，到汉景帝时期，重视官民的“以德化民”，社会比较安定，百姓富裕。到汉景帝后期，国家的粮仓里新谷子压着陈谷子，一直堆到了舱外；国库里的大量铜钱多年不用，以至于穿钱的绳子烂了，散钱多得无法计算了。历史上称这一盛世时期为“文景之治”。

汉文帝、汉景帝奖励耕作的农民，劝解百官关心农桑作业。每年春耕时，皇帝亲自下地耕作，给百姓做榜样。汉文帝、汉景帝提倡节俭，并以身作则。汉文帝在位20多年，宫室、园林没有什么增加；修建自己的陵墓，要求从简，不许用金银等装饰，只能用陶瓦；实行轻徭薄赋，减轻

西汉汉文帝时，有大臣送千里马给汉文帝，汉文帝面对送礼者如何处理？他后来下了一道诏书，这道诏书在扭转当时的政治风气方面起了重要作用，其内容如下：

鸾旗在前，属车在后，吉行日五十里，师行日三十里，朕乘千里之马，独先安至？（《汉书·文帝纪》）

白话文的意思是：天子出行，前有仪仗，后有侍从，好天气一日行五十里，坏天气一日行三十里。你送给我千里马，叫我一个人骑上先跑到哪里去呢？

人民负担；鼓励生产、发展经济，扩大税基，增加政府财政收入；在官场厉行节约，禁止大吃大喝，查处公款浪费的行为。汉文帝曾经想做一个露台，预算报上来，需要百金，他便放弃了这一想法。他说："百金相当中产人家十家的财产总和了，我继承先帝的宫室，还常觉得羞耻，怎么能花百金建露台。"为了减免人民税负，他还减少自己的开支，裁减侍卫人马。

汉景帝也是一位节俭的皇帝。他下令不准接受地方政府贡献的奇珍异宝等奢侈物品，并禁止地方官员购买黄金珠玉等奢侈品，否则以盗窃论罪。汉景帝想办法实行惠民政策，提高农民收入。他实行集权与分权相结合的管理体制，逐步加强中央集权。因为汉文帝、汉景帝提倡节俭，所以当时的国家财政支出大大缩减，贵族和官僚也不敢搜刮财物、奢侈无度，官府也很清廉，从而减轻了人民的负担，这是"休养生息"政策。"文景之治"是在大汉王朝统一王权的统治下，统治阶级顺应历史发展，采取与时代相适应的统治政策，符合当时社会的发展状况，因而促进了政治的进步和经济、文化的繁荣，出现了中国历史上有名的空前盛世。汉文帝以身作则，敢于承认错误并且声明："百官的错误和罪过，皇帝要负责。"因此官场自然形成一种比较清明正气的政治环境。正因为如此，汉文帝的政绩不但得到了后人的赞誉，也得到了西汉末年赤眉军的尊崇。即使西汉末年赤眉军攻占长安后，西汉皇陵均被破坏，唯有汉文帝的霸陵得到了保护。由此可见一个好皇帝的口碑和品德影响力有多深远。老百姓心底里期盼朝廷官员廉洁奉公，风清气正，各级官员以身作则，引导社会充满正气，走向清明。

据《韩非子》记载，楚王好细腰，而国中多饿人。这样的国家怎么去打仗？而汉文帝以身作则，严明纪律，带头廉洁自律，不准行贿受贿，奢侈浪费，成就了一代明君，青史留名。由此可见，皇帝的行为关乎国家命运。做臣子的总是希望得到君王的青睐，如果君王真心诚意喜欢贤人和一身正气的官员，那么就会引导大家都争当贤人。千古一帝唐太宗曾感慨地说道：用一君子，则君子皆至；用一小人，则小人竞进矣。大概就是这个意思吧。传统文化讲道："自天子以至庶民，皆以修身为本。"所以，社会再怎么发展，吏治清明、廉洁奉公都是至关重要的。作为党政干部，是先进文化的具体践行者，在觉悟和行为上更应该起到表率作用，而不是口号喊得厉害，规章制度贴得到处都是，行为上却伤风败俗，成为人民唾骂的对象。所以中国共产党一直以来都大力加强党的建设和党纪国法的教育，正是践行先进文化的具体表现。

信息畅通有多重要

陈胜吴广起义后，秦二世胡亥询问群臣，是否发兵平定起义。有的大臣说陈胜是“盗贼”，不需要派兵平定；有的大臣说是“造反”，需要派兵平定。说“盗贼”的大臣没有事，说“造反”的大臣就治罪，因为说“造反”等于说天下大乱。这验证了荀子的一句话：人主用俗人，则万乘之国亡。所以，用人的问题千百年来一直是君主所重视的。人有两面性，怎么引导，正是各级组织部门最大的课题。正所谓官得其人，鲜有败事。

秦始皇驾崩后，胡亥继位，即秦二世。胡亥当了皇帝以后，只想自己享乐，从来不为百姓谋利益。有一次他对赵高说：“人这一生就像飞奔的马、过墙的缝隙一样快，做了皇帝，我想尽心享乐，爱卿你看呢?”这正合赵高心意，从此专门讨好胡亥，让其尽情享乐，从而自己更大胆地专权。

有了赵高的支持，胡亥还不放心，又向李斯询问如何才能长久地享乐下去（实际上就是价值观取向的扭曲）。他对李斯说：“既然有了天下，那就要拿天下的财富来满足自己的欲望，这才叫富有天下嘛！自己没有一点好处，怎么能有心思治理好天下呢?我想这样永远享乐下去，你看有什么良策?”李斯建议用酷刑来吓唬和治理百姓（严厉的法治），达到强制治理国家的目的。

赵高为了达到自己彻底专权的目的，对胡亥说皇上很年轻，经验不足，而且皇帝也应该少和大臣们见面，以免在大臣们面前暴露自己的弱点，降低了自己的威严。如果他在深宫中听取赵高的汇报，用他们这些“栋梁之才”来辅佐皇上，国家就会治理得更好。胡亥一听有道理，而且他也愿意待在后宫中享乐，从此以后，朝中大小政事都由赵高一人来独断专行。

当陈胜、吴广揭竿而起时，秦二世胡亥根本不相信。他听惯了天下盛世太平的好话。有一次讨论是不是发兵平定起义时，胡亥不同意有“反叛”的事，自然也就不用发兵。叔孙通了解胡亥，便说：“他们说的天下反叛根本就不可能，先皇早就熔铸了天下兵器，有您明主高堂，严明法令行于天下，国家安定，人民富足，谁还会造反呢？现在陈胜这些人只不过是几个盗贼而已，不足为虑，地方官正在积极追捕，请皇上尽管放心就是了。”

胡亥听后，满心欢喜，表扬叔孙通说得对，然后他又问其他人。有的说陈胜是“盗贼”，有的说是“造反”。说“盗贼”的大臣没有事，说“造反”的大臣就治罪，因为说“造反”等于说天下大乱。看来，坏皇帝喜欢拍马屁的大臣。验证了荀子的一句话：人主用俗人，则万乘之国亡。所以，用人的问题千百年来一直是君主所重视的。

当秦朝社稷危在旦夕时，胡亥才猛然醒悟过来，原来赵高说的天下盛世太平竟是美丽的谎言，现在天下已经乱得要亡国了，胡亥对赵高开始不满。原来早就有篡位之心的赵高干脆先动手了。赵高派阎乐去加害胡亥，当阎乐冲到胡亥面前，胡亥说道：“朕乃真龙天子，你敢弑君！”阎乐气势汹汹地说：“你这个无道暴君，搜刮民膏，残害无辜，天下人人得而诛之。你还有什么可说的？”胡亥垂死挣扎，胆战心惊地问：“我可以见一见丞相赵高吗？”阎乐拒绝：“不行！”胡亥又哀求：“那么，可以给我一个郡王当吗？万户侯也行。”阎乐摇头。胡亥最后绝望地叫道：“只要保全性命，我情愿做一名百姓，这总行了吧！”阎乐很不耐烦地说：“我奉丞相之命，为天下铲除暴君，不用说了，快快自我了断吧！”此时的胡亥，才明白这场宫廷阴谋政变的指使人竟然是他尊重和信赖的赵高。多年来养在身边的居然是一只老虎！他肠子都悔青了，却已无可奈何，拔出长剑，结束了他可怜而又可恨的一生。真是早知如此，何必当初！

胡亥死时24岁，只当了3年皇帝。赵高欣喜若狂，摘下了胡亥身上的玉玺，大步走上殿堂，仰仗着自己也有着嬴姓赵氏的血统，准备宣布登基。但是文武百官皆低头不从，无声地反抗他的皇帝梦。所谓名不正，则言不顺；言不顺，则事不成。赵高顿时觉得天旋地转，他也感到自己的罪恶达到了“天弗与，群臣弗与”（天不同意让他当皇帝，群臣也不同意他当皇帝）的地步，只得改变主意，将玉玺传给了赵子婴。当皇位传给赵子婴之时，也就是赵高亡命之日。历史上的奸臣没有一个是善终的，这就是历史的法则。

将近两千年后，在欧洲的法国，法国大革命前夜，路易十六听到远处的枪炮声，吃惊地问内臣：“这是暴乱吗？”内臣回答道：“不，这是革命。”历史真有相似的一幕。

韦伯曾经说过一句名言：与民众缺乏距离，是政治家最致命的邪恶之一。路易十六也是一个无所作为的皇帝。大权受王后玛丽·安托瓦内特左右，她不懂政治，喜欢奢侈华丽的生活，使法国陷入严重的财政危机。宫廷大臣互相争权，社会矛盾尖锐，国库空虚，债台高筑。路易十六也进行了一些改革，可是用的人都是权贵阶层的代言人，把人民的利益早就抛到九霄云外。改又改不动，最终把路易十六推向断头台。

在历史的长河中，这两位失败的皇帝有其共性：一、都重用奸臣。二、对自己国家的真实国情不了解，都被蒙蔽了。由此可见，信息畅通，了解国情、世情、人情关乎国家兴衰。

任何一个朝代兴盛有兴盛的治国方法，衰败有衰败的深层次原因。原因当然很复杂，都是经过了一个长期由量变到质变的过程。

用贤良的人才，则国盛；用奸臣，则衰败，这是历史兴衰的一个特征。唐太宗曾问宰相魏征："我作为一国之君，怎样才能明辨是非，不受蒙蔽呢？"魏征回答说："作为国君，只听一面之词就会糊里糊涂，常常会作出错误的判断。只有广泛听取意见，采纳正确的主张，您才能不受欺骗，下边的情况您也就了解得一清二楚了。"这就是"兼听则明，偏信则暗"典故的来历。历史有时会使一个平庸而卑鄙的人物扮演重要的角色。于是，就在那一个短暂的时期里，善恶、正邪、忠奸、美丑一下子都被颠倒，成为一个王朝分崩瓦解的重要原因之一。

那么，如何才能分辨忠奸？孟子早就给了答案："不要听你身边的人怎么说，要到人民中去，听人民怎么说。人民都说好，你就用他。人民都说不好，你就杀他，这样才是为民父母啊！"大致而言，贤良之才都是一身正气，具有先天下之忧而忧，后天下之乐而乐的胸怀。廉洁奉公的忠臣的价值取向是以解除人民的苦难和忧愁为己任。奸臣一般都是专门弄权，为达成小团体利益和私利，置老百姓利益于不顾之徒。由此可见：亲贤臣，远小人，此先汉所以兴隆也；亲小人，远贤臣，此后汉所以倾颓也。古今中外概莫如此。权力实际上就是一种利器，为人民，则利己；为自己牟取私利，则器凶。利己是术，利公是道。得道者多助，失道者寡助。历史发展到今天，要想创造历史，必须先认识历史。我们的党政干部应该对自己的历史责任感和使命感深感责任重大：廉洁奉公，一身正气，为民谋利，山高水长。

国有四维

“四维”即礼、义、廉、耻。“八德”即忠、孝、仁、爱、信、义、和、平。“四维八德”是中华民族的传统美德。管仲在《国颂》一文中，直截了当地提出：“礼义廉耻，国之四维，四维不张，国乃灭亡！”社会的治理离不开“四维八德”，“四维八德”一脉相传，相得益彰，相辅相成，完全可以提升社会的整体素质和人民的修养。

“礼、义、廉、耻”是中华民族的传统美德。中国共产党一直是中华优秀传统文化的继承者和传播者。“礼、义、廉、耻”是优秀的传统文化。和西方所宣扬的民主、自由、法制、人权、博爱等价值观相比较，优秀的传统文化和社会主义核心价值观更具有深远意义和人文性。

为什么这样讲呢？现代科学发展到今天依然有许多现实问题解释不了。民主，我们不需要台湾的街头民主，更不需要美国强加给伊拉克的所谓“民主”，也不需要美国的权贵民主，民主应该是先民主后集中，民主集中制应该值得推广。对于权力，我们应该把权力放在笼子里，使它透明，有人监督。自由，社会的发展史表明，自由应该是在一定的框架内的自由。世界上没有不受任何限制的自由，不能你自由了，让别人不自由。你的自由干涉和影响了别人的空间和自由，那叫自由吗？法制，西方讲法制，讲制度，犯什么法，规定得很死，没有人情味。而中国的法律又相对太松散，人情社会对法律的干扰又太多。如果合理合法，先讲理后讲法，岂不是比光讲冷冰冰的法律高出一筹。维系这个社会发展的也要靠人的情感，不仅仅是法律。

人是社会关系的总和。西方的这些价值观取向，总体上强调个人主义，私字当头。而我们传统文化强调集体主义。随便找一个代表如范仲淹：先天下之忧而忧，后天下之乐而乐。顾炎武：天下兴亡，匹夫有责。文天祥：人生自古谁无死，留取丹心照汗青。杜甫：安得广厦千万间，大庇天下寒士俱欢颜，风雨不动安如山！这是什么气魄！这不比强调个人的价值取向更具有感召力吗！人人都强调私字当头，社会就到处充满没有人满意的价值取向，人的私欲不加控制就会像黄河泛滥一样，永远没有满足感，何来幸福指数。

经济发展了，人的素质和品德也应该得到提高。孔子讲道：富而教之。也就是精神文明和物质文明同时得到提高 。但是精神文明到底是什么？我们常见的解释好像显得有些苍白，缺乏具体的标准和经典的价值观指引。

传统文化讲“四维”就是礼、义、廉、耻。春秋时代齐国的管仲把礼、义、廉、耻称为国之“四维”。管仲认为“礼、义、廉、耻”比法更为重要，把它们认作支撑国家文明大厦的四根支柱。礼、义、廉、耻，是道德的四大纲纪。这四大纲纪说出了做人的道德底线。

那么，“四维”的具体含义是什么？礼是文明礼貌，知书达理，为人的基本素养。有礼貌、讲道理的人，人们都喜欢与之交往。《左传》上说：“礼者，理也。”社会要走向和谐安定，人人懂得互相尊重、彼此谦让，这就需要礼来引导和规范。礼是做人的基本道理、处事的基本条理。没有人愿意与没有礼貌的人交往。义是公道正义，讲诚信，重友情，大义秉公，光明磊落，作风正派，不搞阴谋诡计。做人一身正气，鬼见了都怕。在这一点上，三国时的关羽就是中华传统文化中义的化身。见到不合理的事情，即使与自己没有直接的关系，甚至很危险，也应该挺身而出，以维护公道，伸张正义，即人们常说的“见义勇为”。廉是清廉、高尚、无私欲、不贪不占、洁身自好。古代的君子，都把清廉作为重要的道德情操来对待。清廉与否，是官声好坏的主要指标。官员负有倡导社会正气和引领社会风气的责任，如果不能清廉自守，一心奉公，就会成为社会的蛀虫，危害一方。耻是羞耻心，是做人的最起码的底线，否则，就不配做人。可耻、无耻、恬不知耻都是骂人的话。无耻与下流联系在一起。没有人愿意当无耻和下流的人，可历史上和现实中却不乏其人，为什么呢？价值取向有问题。孟子讲过人有四种善端，“羞恶之心”是其中之一，即对于害人、害己的坏事，有厌恶之心，羞于去做，这就是有是非观念的具体表现。现在的中国社会开启民智和提高民众素质更为关键。比如路不拾遗应是我国人民一直以来具有的优良品质，可是近期出现的一些事情却让人寒心，如重庆少数村民遇见车祸而哄抢财物，郑州少数市民开着私家车到农村哄抢农民的萝卜等蔬菜，有环卫工人捡到数千元钱寻找失主，结果出现10个市民冒充失主等等。我们应该看到这些现象背后的社会风气需要纠正。少数网民散布虚假信息，对一些突发事件大肆炒作，散布谣言，这些不负责任的无耻行为需要有关部门引起重视。

社会的治理离不开“四维八德”，“四维八德”一脉相传，相得益彰，相辅相成，完全可以提升社会的整体素质和人民的修养，是中国传统文化的精髓。人是社会性的，“四维八德”对于维护社会安定团结、和善友好、和谐发展必不可少。“四维八德”是社会走向善治必不可少的意识形态和行为的价值取向，既有理论层面的功底，又有实践方面的价值和意义，还具有操作性，是教育人、感化人、培养人最好的教材。

人们经常会说：早知如此，何必当初！这一点贪官现身说法最有体会和说服力。原株洲市房产局产权处处长尹××因受贿罪被判处有期徒刑8年。以下是她写的悔过书的开头："有两种东西，我们越是时常反复的思索，越是在心中灌注了永远新鲜和不断增长的赞叹和敬畏：我头上的星空和我心中的道德法律。"这是尹××引用哲学家康德的一句名言。

生于忧患，死于安乐！历史的进程证明了，礼义廉耻应该是我们学习和推广的。而作为共产党员，更应该起到表率作用。

破解官员抑郁症的良方

官员抑郁症如何预防与治疗？应该对症下药，首先要找准自己的定位和信仰。河南省南阳市内乡县100多年前县衙有一副对联：得一官不荣，失一官不辱，勿说一官无用，地方全靠一官；吃百姓之饭，穿百姓之衣，莫道百姓可欺，自己也是百姓。这副对联能流传至今，可见它的生命力。这副对联语言虽然平淡，道理却很深刻。这就是大道至简吧！

你幸福吗？你快乐吗？有权、有钱就幸福和快乐吗？未必如此。据统计，近年来，自杀官员的级别从省部级、厅局级、县处级、科级都有，比如省部级高官天津市政协主席宋××、山西省委常委兼组织部长王××。厅局级官员包括江西省上饶市委书记余××，这位曾经是江西省最年轻的市委书记，也是改革开放以来第一位自杀的地级市委书记。还有农业部草原监理中心主任张××夫妇。县处级、科级的自杀官员有安徽蚌埠市统计局局长刘×、福建福鼎市质监局局长翁××、安徽固镇县财政局局长殷×、江苏射阳县地税局局长沈××、河南宜阳县公安局长白×等。

我认识一位北京中医药大学的中医专家，他是一位真正有水平的教授，他说他治疗过一位有抑郁症的女市长，市长对他讲：回到家里，不想说话，不想看书，不想看电视，只对着花看着，静静地看着，如果有人打电话，她就会很烦躁，一麻烦，就想自杀。从她的情况中我们可以看到她太累了，工作对她来讲是一种负担了。我们要快乐工作，快乐生活，可是，现实能做到吗？后来，在中医专家的调理下，她的精神状态好多了。官员自杀主要因素是什么？是精神家园缺失所致，还是贪污腐败导致心理压力过大，还是仕途不顺导致心理发生变化，工作压力过大，还是别的什么深层原因？

官员自杀现象原因错综复杂，我们应该当作一种社会现象深入分析，并防患于未然。比如说，有的官员可能是因贪污受贿“做贼心虚”，遇到纪委调查周围干部就睡不着觉，看见警车就紧张。另外一种，可能干得不如自己的同事被提拔了，自己心理不平衡。组织部门应该成立一个心理健康测试中心，针对官员是否适合当官，心理是否健康，身体是否健康做一下科学评估。这样，也不至于带病提拔，对干部也是一种人文关怀。看来，对官员进行定期心理疏导和培训，很有必要。

人是社会性的，连小动物都知道珍惜生命，何况人。活着干什么？这是一个千年的话题，十七大时胡总书记要求我们建设百姓的精神家园。精神家园是什么？简单地说就是信仰。信仰什么很关键。信仰为广大人民谋福利，就能得到周围人的真心赞扬和尊敬。如果信仰人不为己天诛地灭，那么最终就会走入死胡同，迟早要犯错误。我们都有一个感觉，帮助别人时，如果得到感谢，心里就会高兴。那么，我们为什么不把这种帮助别人的范围扩大化，让周围更多的人得到帮扶，那么，你的成就感和幸福感就会更多，精神家园就会更充实。所以，人的理想和信仰应该以责任为中心，而不应该以自己为中心。堂堂正正做人，踏踏实实干事，就不会空虚，精神层面也会感到愉悦，上升一个境界。所以对党政干部进行爱国主义和集体主义教育必不可少。

由此可见，官员最重要的是找准自己的定位和信仰。自古以来，

摄于北京文天祥祠。

人们就对官员寄予了太多的希望：希望他们是道德的楷模、行为的典范等等。官员的定位应该符合社会伦理道德，适应社会进步。官员来自人民群众，要有服务于人民的广大胸怀和情操。更不能站在人民的对立面，指手划脚，张牙舞爪。如果官员都能以为人民服务为宗旨，那么，要干的工作太多了，就没有时间去空虚，也就不会产生相应的心理问题。相应的，干的好事越多，得到人民的表扬和赞扬也就多，心里的成就感和满足感就越大，也就越快乐，就不容易有心理疾病了。官员应该学习华西村老书记吴仁宝那样的心态：有福民先享，有难官先当，心中想着百姓，有什么抑郁的，又有什么想不通的。

河南省南阳市内乡县 100 多年前县衙有一副对联：得一官不荣，失一官不辱，勿说一官无用，地方全靠一官；吃百姓之饭，穿百姓之衣，莫道百姓可欺，自己也是百姓。这副对联能流传至今，可见它的生命力。这副对联语言虽然平淡，道理却很深刻。这就是大道至简吧！毛泽东曾经讲过：“同人民有福共享，有祸同当，这是我们过去干过的，为什么现在不能干呢？只要我们这样干了，就不会脱离群众。”“人是要有一点精神的，无产阶级的革命精神就是由这里头出来的。”“根本的是我们要提倡艰苦奋斗，艰苦奋斗是我们的政治本色。”可见，精神文明对一个人来说，也是世界观的一部分，就看自己如何把握，你让它崇高，它就崇高，你让它平庸，它就平庸。

身为共产党人，领导干部，还得讲责任、讲担当、讲服务，用这种眼光来看世界，天地将会宽广得多，人生也会有意义得多。从焦裕禄到孔繁森，从郑培民到沈浩，莫不如此。责任、担当、使命、奉献，只要去践行，就会有快乐。

当然，我们也不能忽视，干部的心理压力有其客观原因。调研发现，干部尤其是基层干部的精神压力，主要来自升迁调动、上级考核以及权力小、责任大等方面。这就说明，化解干部心理压力，还需制度来平衡和保障。现实生活中怎样规范权力运行，优化政绩考核，合理设置权责问题，让“老实人”有更多向上流动的机会，不让老实人吃亏，用制度来保障相对公平和相对公正，为构建和谐社会提供科学制度非常重要。

只要人人不自私、讲责任、讲奉献、讲道德，社会就会形成人人有责任，人人讲奉献，充满正气和爱心的社会，这将是国家之幸，社会之幸，民族之幸。

郡县制，天下安

被判刑的原亳州市委书记李×一向霸道。他的一个舅舅在公路收费站不仅不交费，还将“胆敢在亳州境内向皇亲国戚收费”的工作人员暴打一顿。李×知道情况后，竟对他舅舅说：“你做得对！这是光宗耀祖的事，这也事关咱李家的荣誉。”西方有句名言：上帝要毁灭谁，就让他先疯狂。传统文化也讲：和气致祥，乖气致戾。

郡县治，天下安。六个字道出了县治的重要性。正如老百姓所言：上面千条线，下面一根线。也就是说，中央再好的政策，落实都在县里。据调查，在评论一位县委书记是否称职的问题上，60%的人认为首先看其“是否严于律己，严惩腐败”。县级政府廉洁自律、权力运行透明、干群关系和谐、有良好的基层政治生态环境，解决百姓民生和疾苦，落实中央精神特别关键。县委书记的思想觉悟、政治意识、大局意识、责任意识、观念意识、制度认同和价值取向直接影响着这个县的社会运转。基层政治生态向好的方向发展，关键就在四大班子的班长——县委书记。四大班子权力公开透明运行，是规范权力行使、强化权力监督、从源头上防治腐败的重要举措，对于发展党内民主、推进党务公开，在县一级建立健全决策权、执行权、监督权既相互制约又相互协调的权力结构和运行机制，具有重要意义。如果一个县在权力运行中存在不规范、不合理、不公道、不科学的地方，就会导致许多问题繁衍，直接影响一个地方的发展和百姓的安定生活。让县里的四大班子权力公开化、透明化，防止产生绝对权力，防止权力一手遮天；在权力运行过程中对权力加以制约，将决策权、执行权、监督权分开，同时要平衡，不能导致权力最终都倾斜到一个人、一个部门身上；让权力在阳光下公正运行，方可保证一方长治久安。

几年前因为一篇报道《辽宁西丰：一场官商较量》的文章涉及当地县委书记，三天后，西丰县公安局就到北京要求拘传记者。对于老百姓来说，县委书记的权力很大，大到地方发展大计和百姓福祉，小到个人在政治社会生活中的进退升迁。从县到市，从市到省，越往上权力越大，但离百姓的实际生活也越远越宏观；越往下权力越小，离百姓生活也越近越重要，对百姓工作及生活的干预和影响也越大，于是县权就成了百姓寻求公道的最前沿。中央政策再好，落实要到县乡。而我国地域广大，人多地少，56个民族在文化基础、自然条件、民族信仰等方面千差万别。所以，如何治理好县域的政治、经济、文化和教育，统一思想，上下一致，政令畅通，一心一意谋发展是长治久安的不变目标。

加强对县委书记、县长，包括副职以及四大班子的监督、教育、管理、选拔、锻炼和培养应该是人才发展和党风建设形成长效机制的重要任务。而这一点在现实治理上缺乏长效监督机制，有些政策缺乏操作性。举一个县纪委工作的案例。在县级纪委有一项工作性质是质询，县纪委就不好操作。相对在省里，中央的经费基本上都有保障，而县里纪委工作的经费由县财政划拨，县财政局长如果有违规现象，县纪委启动质询，那么，县纪委的经费就很有可能在落实上打折扣。纪委的工作需要县政府各级的支持，如果发现有部门违规，启动质询，那么，县纪委的工作也很难正常进行，经费也可能得不到保障。我国是一个人情社会，在社会转型过程中，有许多法规制度需要补充和健全。走向文明法治有个过程，我们经历了运动式、口号式及政策一刀切的治理模式的痛苦，已经转变到了科学发展治理的模式上来。科学，不仅讲制度和技术的精准性，更应该讲人文和落实的可操作性（此处可操作性指的是中央到县里政令畅通，但又有地域性质，总体大同小异，因地制宜）。各个县如果在民生、司法、发展、文化、教育、反腐倡廉和社会风气方面等都在中央正确的领导下进行科学治理，那么县里治理好了，市里就好；市里治理好了，省里就好；省里治理好了，中央就好，国家就能长治久安。反之，如果一个县治理得不好，就会带坏当地的社会风气，还会败坏党的形象。再小的县都有可能给中央添很大的乱，造成很坏的影响。可见，治理郡县，不可不慎重。

在现实工作中，应该加强对县委书记的监督力度和改善具体的监督方式。这也是保护和爱护干部的一种方式：防患于未然。媒体应该落实中央提出的建立社会舆情汇集和分析机制，畅通社情民意反映渠道，让党政干部对权力有一种敬畏感。

被判刑的原亳州市委书记李×一向霸道。他的一个舅舅在公路收费站不仅不交费，还将“胆敢在亳州境内向皇亲国戚收费”的工作人员暴打一顿。李×知道情况后，竟对他舅舅说：“你做得对！这是光宗耀祖的事，这也事关咱李家的荣誉。”西方有句名言：上帝要毁灭谁，就让他先疯狂。这一点不假。以下是李×判刑后的悔过书：如果对腐败现象抵制不了的话，宁肯不当官，也不要去当贪官；不当贪官，我至少还是一个好公民。现在不仅要坐牢，还是个犯罪分子。我真心地奉劝所有人，为官者一定要自律。传统文化讲：和气致祥，乖气致戾。对党政领导加强监督和管理教育实际上也是爱护、提醒、规范和培养他们，使其时刻考虑民众的疾苦，工作重心转向国计民生上来，而不是以权谋私，只想到如何巴结上级，违反了党纪国法再后悔，就来不及了。西平县原县委书记王×的悔过书写道：当一副冰冷的手铐铐住我双手的时候，我才如梦初醒，认识到给我送钱的人所谓“啥时候也不会说出去”的承诺是靠不住的。假如我不是县委书记，我手中没有他们所期待的“生杀予夺”的权力，他们还会与我“礼尚往来”吗？31岁即为副厅级干部的原开封市长周××在悔过书中写道，案发后，他母亲哭瞎了双眼，女儿因为他而失去了正常的工作。四川省原眉山市委常委、副市长余××利用职务之便收受贿赂，被雅安市中级法院判处有期徒刑十三年。余××在悔过书中这样写道：我曾经告诉自己，“水至清则无鱼”。如果我独树一帜，拒绝别人的“好意”，甚至上交贿款，不仅得罪人，还会被视为异类，认为我是神经不正常、脑袋有毛病。这对工作无益，更谈不上树业绩奔前程了。所以，对熟人、朋友及企业家们以拜年名义送来的钱物，我都一一笑纳。这些事实，足以警戒我们的各级党政干部，也说明对于各级领导的廉政教育应该建立长效机制。

中央现在提出文化大发展和大繁荣很重要，在县里，发展经济固然很好，但是，经济只占社会治理的一部分。社会风清气正和文明昌盛才是长治久安之策。经济也要发展，文明更要推进。因为发展经济是看得见的政绩，盖了多少楼房，修了多少公路，开了多少矿，经济增长了多少点都是很具象的，能在数字中显示出来，而发展文化和改善社会风气是一个长效机制，任期内却看不出明显效果。于是，有些县的工作重点就是发展经济和突出政绩，精神文明建设就搁浅了。还有一个问题，基层有好多优秀的县委书记，想在任期内为民谋发展，可是因为得到上级和老百姓的认可，县委书记干了三年就被提拔了。那么，这个县委书记的发展思路就会终止，新来的书记又是一个发展思路，把上一任书记的想法推翻重来，这样的话，这个县反而不容易科学发展。这种现象还是比较常见的。省里应该做出合理的对策来保障好的政策得以持续和良性发展。

社会发展中制度运行有三种状态：良性运行、中性运行与恶性运行（郭星华《当代中国社会转型与犯罪研究》）。保障好的政策的连续性和持续性就特别重要。如果一个想做好事的县委书记提拔为副厅级，那他的平台不一样，资源不一样，想像以前一样为民做好事，可能就没法操作，这也算是一种人才浪费。如果就地提拔一个副厅级人大或政协副职兼县委书记，让县委书记的好政策有时间操作和落实，岂不更好？或者用一种监督机制保障好的政策得以持续实施也很重要。话说回来，真正想做事的县委书记也不会计较待遇。能上能下是党员的基本素养，党章也没有规定干部只能上不能下。在基层，有的县委书记当了七八年，还没有干出成绩，组织上想让他挪位子，还和组织讲条件，还想继续占着位子不干事，很容易带坏一个县和一个地区的官场风气，影响十分恶劣。这里就有一个价值观取向的问题。

有一个真实的案例。在西部的一个县，有一位县委书记在发展时很注意教育和民生问题。在修路问题上，因为资金有限，哪些路急需修，哪些路缓些修，该县委书记希望通过实地调研得出结论。最后民众反映的几十条小路急需修，他就决定修。这些路都是学生上学，民众就医便利和商户们经常走的小路，得到了民众的集体支持。拆迁工作中只有一家是钉子户，后来在政策宣传和民众的质疑声中钉子户也感觉到有压力，也搬迁了。这些百姓急需修的路花了几百万。同时有一条可以突显政绩的大道也需要修，需要资金几千万，但对于百姓来说用处不大，该县委书记就果断放弃了。此举赢得了百姓的口碑。由此可见，决策不能想当然，必须和群众的利益相结合，一切从群众出发，这样才会得到民众的大力支持。这个县委书记因为干得好，不到三年便被组织提拔为副厅级领导，而新来的县委书记上任三年，把这个县搞得乌烟瘴气，几个局长因为腐败而判刑，造成很坏的影响，干群关系紧张。这种现象在基层并不是个例，应该引起组织部门的重视。

在县里有一个特点，人大、政协一把手大部分都是当地人，他们影响或制约着县委书记和县长。举例说明：如果某县人大主任和政协主席过生日收礼，县长和书记因为是平级，书记和县长都是外地人，从制度上和人情世故上都不好监督。主任和主席收就收了，违规就违规了，长此以往，就带坏了当地的官场风气，败坏了党的名誉。怎么加强四大班子的监督应该是监督机关的一个课题。党风带动政风，政风促进社会风气。党委、政府、人大、政协、组织、教育、司法、文化和宣传等部门在工作中都能一身正气，廉洁自律，严于律己带动一个单位，这种风清气正应该成为工作机制和常态化，这是一种工作能力的表现，而不是在上级机关检查时临时作秀。皖北地区的县委书记中一度流行着这样一个观点：领导看不见的政绩不算政绩。据媒体报道：前些年在涡阳县某乡为造“华东第一养鸽广场”，强行推倒不愿意养鸽子的农舍住宅，致使一些无房可住的农村老人被逼到与臭水沟为邻的废桥洞里住。还有更夸张的新闻，河南省淅川县上集镇石材厂老板梁××不解地说道：“就为省里的观摩团路过的那38秒，我数十万元的产品就被糟蹋了?”因为他的石材影响了省里观摩团的观摩效果。希望有关部门以此为鉴，干好自己的本职工作，科学和谐地谋发展，让党放心，让人民满意。

郡县制，天下安。在基层，大部分县委书记都是好干部，讲政治，讲大局，讲责任。中组部现在派领导干部到地市任职很好，地市的县委书记对国情很了解，同时应该多用一些德才兼备的县委书记到中央部委任职。传统文化讲，良相必起于州府，看来有一定道理。发达地区、不发达地区、沿海地区、西北内陆、边远山区，多用些好的县委书记到部委任职，这样制定的政策应该会更加全面客观和有可操作性，减少不了解国情、世情、民情的“三门”干部制定政策的空洞性。“三门”干部是从家门到校门，毕业后进入机关门的新公务员，他们都很聪明，学历高，学什么都快，可是缺乏基层经验，不了解国情，为政策的制定提供咨询时容易理想化。所以，“三门”干部应该到基层去锻炼，这对他们的未来大有好处，同时也能为国家提供人才储备，为科学管理社会提供人才保障。拓宽对基层和国情的了解渠道和顺畅的路径，在社会转型时期、面对各种复杂局面，价值观多元、利益诉求多元的矛盾时大有帮助。

传统文化讲君子要立德、立功、立言。立功讲时机和条件，立言要有智慧和学识，唯有立德随时可做。在平时帮扶失学儿童、孤寡老人，为老弱病残孕让座等都是“立德”的表现。中央的好政策，县里面应该做到落实时不打折扣，使人民学有所教，劳有所得，病有所医，老有所养，住有所居，这些做到了，也就是“立功”了。改善县域社会风气，使得风清气正，民众斯文而又有教化，就算是“立言”了。传统文化讲，自天子以至于庶人，皆以修身为本，就是这个意思吧！

从文化传统的角度解读太平天国运动失败的原因

太平天国运动在清末是一场非常有影响的农民起义，历时 14 年，战火遍及十几个省，对晚清政府可以说是一次动摇根基的沉重打击。太平天国运动最后以失败告终。纵观太平天国运动的成败，我们可以从中得到什么借鉴呢？

太平天国的前身是创立于 1843 年的“拜上帝会”。1851 年，太平天国建立，1853 年建都天京（今南京），曾占领长江中下游地区，1864 年天京陷落，标志着运动失败。太平天国运动可谓波澜壮阔，这次运动对漫长的人类历史来讲只是一瞬间，可这次运动成败的经验教训却令人感慨万千。失败的原因有许多种，但多种原因之中又有主要原因，最后形成失败的合力。太平天国在军事上曾经取得多次重大胜利。可是，当治国的重担真正交付给太平天国的将领时，他们却令人民失望了。治国不是儿戏。好有原因，坏也有原因。这当中，成功者有成功者的定力和智慧，失败者有失误造成的结果和悲哀，历史和时间给出了一个公正的回答。

太平天国运动是清末一场轰轰烈烈的农民起义，在军事上曾经取得多次重大胜利，但最终以失败告终。纵观太平天国运动的成败，我们发现太平天国的领导层缺乏治国智慧，始终没有建立有效的治国制度，领导层生活奢侈腐化，脱离广大的人民群众，不能从群众中汲取智慧。这验证了一句古语：国之将兴听于民；国之将亡听于神。最关键的是，洪秀全想用西方的宗教作为政治号召的理论，实践证明，完全是错误的。从文化传承的角度讲，切断了文化传承的政治号召，是十分幼稚和可笑的。

孙中山当年对太平天国的评价是“只知有民族，不知有民权；只知有君主，不知有民主。即使成功了，也不过是历史上的又一个封建王朝而已，”根本不值得效法。他认为，太平天国并不是学习的榜样，因为他们实行的是封建专制。大家若是有了想做皇帝的心理，一来同志就要打同志，二来本国人更要打本国人，全国长年相争相打，人民的苦难便没有止境。

面对声势浩大的太平天国运动，清政府几乎覆灭，这是因为它腐败得太过分了。可以说，历史上几乎所有的末代王朝都有一个共性，那就是朝廷腐败透顶。腐败必然导致无能，已经成为历史发展中的普遍规律。清政府治国，不重用汉人，用清政府的话讲是政治心术，用历史的话讲只是法术。法术怎么会长久？法术毕竟是小聪明，而真正的长治久安唯有靠大智慧。在历史面前，所谓的法术经不起时间的考验。另外，清政府的统治阶层如果只是近亲繁殖，结果必然是低能儿治国。因为真正的精英进不了核心领导层，政府必然是无能政府，短期内用强权可以维持，时间一久，强权就不管用了。这是历史的规律，任何人、任何小团体都左右不了。清朝后期，八旗子弟很不争气，每天只知道吃喝玩乐。这玩过头了，结局只有一个：玩火者自焚。中国人讲，富不过三代，就是这个道理。太平天国一起义，清政府派的八旗子弟将领除了会打败仗外，剩下的就是会逃跑。国家治理到这种地步，无人才可用，离亡国也就不远了。因为无将可用，只好依赖曾国藩组建的湘军和李鸿章组建的淮军最后打败太平天国，曾国藩、李鸿章等汉臣平乱有功，迫使清政府重用汉人，汉人在清廷的权位因而大增，同时满人对军队的控制权也就逐渐减弱。

清廷曾借助外国人镇压太平军，因而产生效法西方，推行改革的现象，促成后来“洋务”改革的出现，社会的进程向前推进了一步。可是，社会前行的这一步付出了血的代价。人类社会自有文明开始，都在摸索和寻找不用流血来推进社会走向文明的方式，一直到今天。太平天国是一次反帝反封建的农民运动，是中国历史上规模最大、人数最多、时间最长的一次农民起义，它沉重地打击了中外反动势力。其失败的根本原因是农民阶级的局限性。农民阶级不是先进生产力的代表，不是先进阶级，也不是先进文明的代表，失败是必然结果。一个没有文化的起义集团，失败是早晚的事。这正如一个企业，如果没有企业文化，即使辉煌一时，早晚也都会倒闭。人们为之惋惜时，要看到问题的本质。远的不说，改革开放至今，有多少曾经辉煌的企业轰然倒下，其实它们在倒塌之前，已经有许多迹象，只不过当时意识不到罢了，也就是当局者迷。

太平天国因为反对中国传统的儒家思想，因此得不到国内知识分子的普遍支持。洪秀全信仰基督教，但他传布的只是他个人理解的基督教，已经改变了其实质意义，实际上已经发展成为以洪秀全为中心的基督教。当正义的事业掺杂了个人的目的时，一切就会变味。

在用人方面，洪秀全晚年用人唯亲，不信任外人，政事混乱。洪秀全本人生活糜烂，妻妾成群，治军无方，以至军心涣散。到了后期，为了笼络人心，开始大批封王，封王多到两千多人。而对无功、无德、无才的洪姓氏族大肆封王，引起众将不满。洪秀全以洪姓家族作为特权阶层，形成明显的不公平现象，导致民众怨声载道，失去了群众的基础。事情做到这个份上，失败是早晚的事。

太平天国领导阶级的特权思想和享受思想成为他们追求成功后的目标。定都天京后，洪秀全便自视为天下万国之主，天京被称作“小天堂”，大建宫室，穷奢极欲。虽有圣库专管财物，但对诸王与高级官员却没有限制，这无疑是对圣库制度原则的一种破坏。于是，诸王已经过上了各取所需的理想社会的生活，而民众依然是饥寒交迫。洪杨虽然口头上也讲“节用而爱民”的政治大道理，但进入南京后，却只讲享受与排场，挥霍奢侈之风像病疫一样地在领导层滋长起来。领导层想怎么样就怎么样，老百姓和士兵的一些合理需求却得不到满足，而且受到严格管理和制裁。最后，特权也不管用了，胜利也不存在了，令人疯狂的权力也没有了。实际上就是此一时疯狂，彼一时就会被灭亡的道理所在。其实，此一时严谨，彼一时应该更加严谨才对。古人讲：打江山易，守江山难。此一时有智慧，彼一时应该增加智慧，这样才能长久。纵观历史人物，概莫如此。但是，当局者迷。

太平天国治国的理论纲领都包括在《原道救世歌》《原道觉世训》《原道醒世训》等几本书之内。但是，太平天国却排斥儒家思想，称儒家经书为“妖书”。他们接受基督教上帝，教名为“拜上帝教”，但其实对基督教一知半解。他们的宗教思想，可能全部源于当时的中国籍基督教传教士梁发所写的《劝世良言》。《资政新篇》是洪仁玕在后期提出的中国第一套具有发展资本主义意愿的政治纲领，由于客观上周边环境的恶劣与主观上农民阶级的短视，没有能力和条件去实施，并没有起到预期的作用，最后成了空谈。太平天国的领导层对国际形势的认识和治国的能力实在是有限，不要说知己知彼，百战百胜，他们连一知半解都谈不上。

在政治上，太平天国神权与王权相结合，朝中等级森严，为王为官者为所欲为，达到疯狂和无所节制的地步。在文化上，太平天国对固有传统文化完全推倒，对传统知识分子仇视和打压。洪秀全诸王定都天京后，生活糜烂腐化，朝政纲纪紊乱。太平天国将领这种骄奢淫逸的腐朽生活，李鸿章等人都不禁叹息。诸王奢靡如此，军中亦然。在制度上，《天朝田亩制度》《资政新篇》等纲领只是纸上谈兵，从未认真推行，亦不见任何成效。

胜利和权力就是这样：可以让人成功，愈战愈勇；也可以让人为此疯狂，越玩越上瘾，直到灭亡为止。郭廷以在《太平天国的极权统治》一文中认为：太平天国是一个低级的迷信，绝对的暴力集团，神权、极权、愚昧的统治，只为满足自己的无限欲望，丝毫不顾及大众的福利，所造成的是遍野的白骨，满地的荆棘。

“天京事变”后，洪秀全并没有总结出有益的教训，还从此更加不相信外姓王。他在朝中大搞任人唯亲，首先重用他的外孙萧有和，第二重用他的兄长洪仁发、洪仁达。萧有和还只十岁的时候，权力已经达到“幼西王出令，有不遵幼西王者，合朝诛之”的地步。后来他竟要把太平天国变成一个“父子公孙”、“江山万年”的国家。太平天国后期，洪秀全反复强调君权神授，并不断走向自我神化的地步。1863年12月下旬，曾国藩的湘军已把天京团团围困，在天国形势万分危机之时，李秀成提出“让城别走”，洪秀全竟斥责说：“朕奉上帝圣旨、天兄耶稣圣旨下凡，作天下万国独一真主，何惧之有？朕铁桶江山，尔不扶，有人扶，尔说无兵，朕之天兵多过于水，何惧曾妖者乎？”实践证明，天父上帝是救不了太平天国的。1864年7月19日，天京陷落。病故的洪秀全遗体被湘军从天王府中掘出，举火焚之。上帝的神话从此便与天王府七日不熄的大火一起，进入了历史的档案。

太平天国以“天下一家，共享太平”的反封建思想为出发点，却以封建政权为目的，可见其局限性以及暂时成功带来的短视和被胜利冲击的疯狂。太平天国打击儒教传统的文化基础，可是，儒学文化已经成为人们的行为标准，合理的就应该继承和学习，不合理的就应该改进和规避。太平天国既不学习，更谈不上改进，只把希望寄托在一个至高无上的权威洪秀全身上，让洪秀全来代表他们，来主宰他们，而这个主宰除了“帝王”思想外，就不懂别的了。洪秀全一面用“有田同耕，有饭同食，无处不均匀，无处不饱暖”的人间天国理想来动员广大民众起义；另一方面又用“肯拜上帝者，无灾无难；不拜上帝者，蛇虎伤人”来愚弄和吓唬民众，其结果可想而知。

在思想文化方面，建都天京后，洪秀全反对孔孟思想的政策更加疯狂，宣布孔孟经书待删改刊行后始准习读。但直到太平天国败亡，删改之书也未能问世，孔孟之书仍被禁止。太平天国如此疯狂地摧残作为汉族文化象征的儒家文化，结果无疑是将整个士大夫阶层乃至普通民众，都推向自己的对立面。

在社会管理方面，曾任太平天国洋务丞相的罗孝全说：“他们的政治系统和他们的神学是一样的薄弱可怜。我不相信他们有任何的政治组织，并且不相信他们知道要组织一个政府。一切要务好像完全存于军法，由最上级到最下级的当权者都是在杀人这条线上走。”

当年，洪秀全最后一次应试失败，心中彻底失望，心情估计很郁闷。在当时，他应当属于“就业”有困难的青年，所以对传统儒教特别痛恨。他把孔子像捆绑在“皇上帝”前审判，斥责，鞭打。他把儒家经典斥为“妖书”，导致受传统教育的知识分子与太平天国分道扬镳，这就是李秀成所说的“无读书人”为太平天国效力的缺陷。这可以说是失败的一个重要原因。当天京被包围时，城中缺粮，饿死者众多，李秀成劝洪秀全放弃天京，另作良策。可洪秀全却坚持“合城俱食甜露，可以养生”。甜露是《圣经》神话中上帝从天降下的一种食物，让太平天国的将士饿着肚子去打仗，能有不败之理？

太平天国的政治纲领中包括把满族人驱逐出中国，取消大部分不合理的生活方式，建立一个基督教的社会。但是，任何新兴的政治力量都有致命的危机：第一，内部不能团结；第二，暂时胜利后的疯狂腐败。举一个案例可以说明。关于洪秀全一共有多少个女人，恐怕永远无法得到正确的统计。史料记载，天王府中有两三千美女，这和古代君王“后宫佳丽三千人”有什么不同？洪秀全从41岁进南京到52岁自尽，在到处都是美女的天王府中过了11年，从未走出天京城门一步，既不指挥杀敌，也不过问朝政，除了美女和内部权力的斗争之外，就是封王。那时候洪秀全正值壮年，但是11年中仅仅颁发过25篇诏书，而且从咸丰四年到咸丰八年（1854—1858）都是空白，五年中竟然未发一诏！连他的对手曾国藩都问：洪秀全想干什么？这几年他都干什么去了？实际上，洪秀全是和他的“嫔妃娘娘”们饮酒赋诗作乐去了。起义军将领占领南京后，由贫农、小生产者、流民组成的队伍转眼间成了帝王将相，手头有了权力，可以为所欲为。由此可见，这是一个什么样的政权。当整个社会把希望和理想寄托在洪秀全一个人身上时，洪秀全又没有这种驾驭全局的智慧，消费和透支完权力后，剩下的就是失败，自作自受。

任何一个社会，都不应该把全社会的身家性命和希望寄托在一个人身上，否则，悲剧就会发生。历史已经无数次验证这是事物发展的规律。古今中外，概莫如此。

钱穆在《中国历代政治得失》一书中写道：由今看来，大家同情太平天国，认为它是民族革命，这话自不错，但实际也不尽然。至少他们太不懂政治，他们占了南京十多年，几乎丝毫没有在制度上有建树。他们比较像样的是军制，但始终未觉悟到水师之重要。他们对下层民众，想推行均田制度，粗浅一些的社会主义，大抵他们是有此想法的，但说到政治就太低了。第一论国名，便是不祥之兆，哪里有正式建立一个国家而号称天国的呢？这是他们对西方耶教一种浅陋的知识之暴露。再加上太平二字，东汉黄巾之乱，信奉的是太平道。他们的下意识，似乎受此影响，国号太平天国，早可预示他们之失败。这样一个国名，便太违背了历史传统。正因为这一集团里，太没有读书人，这是满清政权存心分开中国知识分子和下层民众之成功。辛亥革命，国号中华民国，这因革命党里有了读书人，所以不同了。而且洪杨一出来就称天王、东王、南王、西王、北王、翼王，那些名号，只能在通俗演义里有，哪能成为一种正式的制度？自南京内讧以后，杨秀清被杀了，还是有许多人继续称王，而名号更荒唐了。萧朝贵的儿子成为幼西王，洪仁发、洪仁达又称王长兄、王次兄。就是满洲人初进中国，也没有这样表现得粗陋与幼稚。正因满洲人初兴，便能用中国知识分子，而洪杨集团则不能。他们又到处焚毁孔庙，孔子的书被称为妖书，他们想把民族传统文化完全推翻，即使当时没有曾国藩、左宗棠，洪杨还是要失败。诸王以下，又有天官丞相，这些官名，真太可笑了。哪里有全不读书，把自己国家以往历史传统全部推翻，只抄袭一些外洋宗教粗迹，天父天兄，一派胡言，便能成了事？我们不必纵论其他之一切，单看他们那些国名官名，就知其必然会失败。若太平天国成功了，便是全部中国历史失败了。当时的洪杨，并不是推不翻满清，但他们同时又要推翻中国全部历史，所以他们只可有失败。

以上是大史学家钱穆的观点。刘向也有一句名言：存亡在于得人。整个太平天国上层，没有文化人，没有纪律，更没有组织，又失去群众基础，只有信教信疯了的教徒，认为唯独自己可以改变世界。太平天国运动的结果可想而知。纵观历史和现实，多少由兴转败的人和事都要归咎于一个毛病：自以为是。这些人觉得自己是最聪明的人，判断力也最高明，逐渐脱离群众，时间久了，周围人提的好建议也听不进去，于是，再也没有人提出意见。时间一长，问题积累得多了，化解问题的智慧又不足，无法从根本上解决问题，就只有由兴转败了。人生也好，事业也罢，都需戒骄戒躁、小心谨慎一生、善始善终，才是正道。

戒骄戒躁是党政干部的基本修养

——再读《甲申三百年祭》

崇祯皇帝虽然志向远大、励精图治、事必躬亲，但他既无治国之谋，又无任人之术，加上他严苛、猜忌、多疑，对大臣动辄怒斥、问罪、砍头、凌迟，其残忍和冷酷让手下无所适从。因为不相信文武百官，崇祯频繁地调整官吏，17 年间他竟然换了 17 个刑部尚书和 50 个内阁大学士，造成国家人才匮乏，有心报国的志士报国无门。崇祯培植私人势力，重新起用大批更加腐朽无能的太监，最终导致“十万太监亡大明”的历史悲剧。因为明朝取消了宰相，以致皇上成了专制的皇帝，皇权没有制约。而重大国家军政文件的处理，全部要经过太监之手。太监大多没有受过教育，于是，把皇帝的御批当作手纸的情况经常发生。这样治理国家，百姓只有

1944 年的《甲申三百年祭》以春秋笔法揭露了明末尖锐的阶级矛盾和民族矛盾，朝廷腐败到了极致的地步，加上天灾人祸，大旱不断，瘟疫爆发，横征暴敛，内忧外患，官逼以致民反，弄得民不聊生。延安府的李自

成、张献忠发动和领导农民起义，并在李岩的帮助下，使“农民起义走上了正轨”，节节胜利，势如破竹，直打到北京城，最终推翻了明朝的皇权统治。崇祯皇帝在煤山自杀。留下了太多的历史感慨和历史教训。

遭殃的命运。崇祯皇帝虽屡下罪己诏，然苛捐杂税层出不穷，民不聊生，而明末的众多农民起义也正是各级贪官污吏贪财苛政造成的后果。

崇祯皇帝在历史上是一个被普遍同情的皇帝，李自成《登极诏》也说“君非甚暗（崇祯皇帝不算太糟），孤立而炀灶恒多（即便他被孤立，却颇能为人民国家做出许多打击贪官污吏的好事）；臣尽行私，比党而公忠绝少”。《明史》说他：“且性多疑而任察，好刚而尚气。任察则苛刻寡恩，尚气则急遽失措。”崇祯帝的一生实是“不是亡国之君的亡国悲剧”。崇祯皇帝自己也感慨：诸臣误朕也，国君死社稷，二百七十七年之天下，一旦弃之，皆为奸臣所误，以至于此。

然而李自成进了北京城以后，情况遽然转变。李自成住进了皇宫。丞相牛金星忙的是筹备登基大典，招揽门生，开科选举。“往来拜客，遍请同乡，俨然一副太平宰相的风度”。将军刘宗敏所忙的是“拶挟降官，搜刮赃款，严刑杀人。纷纷然，昏昏然，大家都像以为天下就已经太平无事了的一样。近在肘腋的关外大敌，他们似乎全不在意。”天下第一关的山海关竟然只派了几千士兵镇守，而几十万的士兵都聚集在京城里享乐。进京不久，李岩便被陷害，刘宗敏要杀牛金星。农民起义军领导内部集团矛盾重重，离心离德。这一历史现象，209年以后，和太平天国占领南京后有相同之处，这种历史教训让人不得不警醒。

其中最让人深思的是：李岩面对归顺大顺王朝的前明大臣感慨地说道：何以国家有事，报效之人不能多见也？

宋献策解读到："明朝国政，误在重制科，循资格。是以国破君亡，鲜见忠义。满朝公卿谁不享朝廷高爵厚禄？一旦君父有难，皆各思自保。"其新进者盖曰："我功名实非容易，二十年灯窗辛苦，才博得一纱帽上头。一事未成，焉有即死之理？"此制科之不得人也。而旧任老臣又曰："我官居极品，亦非容易。二十年仕途小心，方得到这地位，大臣非止一人，我即独死无益。"此资格之不得人也。二者皆谓功名是自家挣来的，所以全无感戴朝廷之意，无怪其弃旧事新，而漫不相关也。可见如此用人，原不显朝廷待士之恩，乃欲责其报效，不亦愚哉！其间更有权势之家，循情而进者，性成骄慢，一味贪痴，不知孝弟，焉能忠烈？又有富豪之族……未习文章，焉知忠义？此迩来取士之大弊也。当事者若能矫其弊而反其政，则朝无幸位，而野无遗贤矣。"由此观之，朝廷中的高级官员都是没有廉耻的人，这样的政权，存在又有何益？

然而，没过多长时间，当清军入关之时，"自成亲自出征，仓惶而去，仓惶而败，仓惶而返。"最后不得不离开北京，一败再败，最终在湖北通山九宫山战死，时年39岁。

这无论怎么说都是一场大悲剧。李自成自然是一位悲剧的主人，而从李岩方面来看，悲剧的意义尤其深刻。假使初进北京时，自成听了李岩的话，使士卒不要懈怠而败了军纪，对于吴三桂等及早采取了牢笼政策，清人断不至于那样快的便入了关。又假使李岩收复河南之议得到实现，以李岩的深得人心，必能独当一面，把农民解放的战斗转化而为种族之间的战争。假使形成了那样的局势，清兵在第二年决不敢轻易冒险去攻潼关，而在潼关失守之后也决不敢那样劳师穷追，使自成陷于绝地。假使免掉了这些错误，在种族方面岂不也就可以免掉了二百六十年间为清朝所宰治的命运了吗？就这样，个人的悲剧扩大而成为了种族的悲剧，这意义不能说是不够深刻的。

三百年了，种族的遗恨幸已消除，而三百年前当事者的功罪早是应该明白判断的时候。从种族的立场上来说，崇祯帝和牛金星所犯的过失最大，他们都可以说是两位种族的罪人。

而李岩的悲剧是永远值得回味的。

（《甲申三百年祭》）

此文在1944年《新华日报》全文连载。此时正值抗日战争胜利的前夕，历史转折的重要关头，毛泽东敏锐地洞悉到此文的重大政治意义，立即批示在《解放日报》全文转载，并加发了《编者按语》，同时把它作为整风文件，印发全党学习。

1944年11月21日，毛泽东在给郭沫若的复信中说："……你的《甲申三百年祭》，我们把它当作整风文件看待，小胜即骄傲，大胜更骄傲，一次又一次吃亏。如何避免此种毛病，实在值得注意。倘能经过大手笔写一篇太平军的经验，会是很有益的；但不敢作正式提议，恐怕太累你。最近看了《反正前后》，和我那时在湖南经历的，几乎一模一样。不成熟的资产阶级革命，那样的结局是不可避免的。此次抗日战争，国际条件是很好的，国内靠我们努力。我虽然兢兢业业，生怕出岔子，但说不定岔子从什么地方跑来；你看到了什么错误缺点，希望随时示知。你的史论、史剧有大益于中国人民，只嫌其少，不嫌其多，精神决不会白费的，希望继续努力……"（《毛泽东书信选集》）由此可以看出当时的毛泽东、党中央对中国历史上一些农民战争尤其是李自成农民起义失败教训的深刻总结。

1945年7月，黄炎培等6位国民参政员应邀访问延安。黄炎培在和毛泽东谈话时大发感慨，感慨历史的变幻无常。他说：“我生六十多年，耳闻的不说，所亲眼看到的，真所谓‘其兴也浡焉，其亡也忽焉’，一人，一家，一团体，一地方，乃至一国，不少单位都没有能跳出这周期律的支配力。”这就是所谈到的历史周期律问题。黄炎培同时希望中国共产党能找到一条道路，摆脱周期律的支配力。

那么，什么是历史周期律发生的内在原因呢？黄炎培认为：“大凡初时聚精会神，没有一事不用心，没有一人不卖力，也许那时艰难困苦，只有从万死中觅取一生。既而环境渐渐好转了，精神也就渐渐放下了。有的因为历时长久，自然地惰性发作，由少数演为多数，到风气养成，虽有大力，无法扭转，并且无法补救。也有为了区域一步步扩大了，它的扩大，有的出于自然发展，有的为功业欲所驱使，强求发展，到干部人才渐见竭蹶，艰于应付的时候，环境倒越加复杂起来了，控制力不免趋于薄弱了。一部历史，‘政怠宦成’的也有，‘人亡政息’的也有，‘求荣取辱’的也有，总之没有能跳出这周期律。”于是“其兴也浡焉，其亡也忽焉”，周期律就在这样的情况下发生了。

针对这个问题，毛泽东的回答是：“我们已经找到新路，我们能跳出这周期率。这条新路，就是民主。只有让人民来监督政府，政府才不敢松懈。只有人人起来负责，才不会人亡政息。”

随后在 1949 年三月召开的中共七届二中全会首次提出加强党的建设，提出“两个务必”——务必使同志们保持谦虚谨慎不骄不躁的作风，务必使同志们保持艰苦奋斗的作风，党的建设是一个伟大工程。

在中国革命转折关头召开的党的七届二中全会，具有重大的历史意义。这次会议描绘了新中国的宏伟蓝图，确定了新中国的大政方针，为促进和迎接全国胜利的到来，为推动和发展新中国的各项建设事业，保证中国由新民主主义向社会主义的转变，从政治上、思想上和理论上作了充分准备，具有巨大的指导作用。

同时说明："近日我们印发了郭沫若论李自成的文章，也是叫同志们引以为戒，不要重犯胜利时骄傲的错误。"可以说，"两个务必"的提出，也体现了党对自己历史上几次错误的深刻总结。2013年7月11日，习近平也在西柏坡发表讲话，再次强调"两个务必"。由此可见"两个务必"的重要性。

其实，作为党政干部，"两个务必"也好，群众路线教育也好，再次提醒我们，对于工作和事业，从齐景公向孔子请教如何治理国家，孔子直截了当地回答"政在节约"，到谦虚谨慎、戒骄戒躁，这是党政干部应该具有的基本修养。只有谦虚，才会有胸怀与群众交流学习。否则，自以为是，高人一等，拒群众于千里之外。又有何益？在历史面前，谁都是学生。戒骄戒躁也是党政干部应该具备的基本能力。还是那句老话：谦虚使人进步，骄傲使人落后。

第五部分

治国就是治吏

- 两位母亲，一种智慧
- 从陈胜的失误看成败得失
- 邓通为何不通
- 宁可不识字，不可不识人
- 让他三尺又何妨
- 心术不正，状元也没用
- 修桥当修赵州桥
- 社会转型时期党政干部更应坚守的价值观念
- 理性应对风险社会的几点思考
- 论勤廉仁俭与党政干部的价值自律

两位母亲，一种智慧

据《史记》记载：赵惠文王去世，太子孝成王即位。孝成王七年（公元前259年），秦军与赵军在长平对阵，那时赵奢已死，蔺相如也已病危，赵王派廉颇率兵攻打秦军。秦军几次打败赵军，赵军坚守营垒不出战，秦军屡次挑战，廉颇置之不理。秦军间谍于是散播谣言说："秦军所厌恶忌讳的，就是怕赵奢的儿子赵括来做将军。"赵王果然上当，就以赵括为将军取代了廉颇。蔺相如说："大王只凭名声来任用赵括，就好像用胶把调弦的柱粘死再去弹瑟那样不知变通。赵括只会读他父亲留下的书，不懂得灵活应变。"赵王不听，还是命赵括为将。

赵括从小就学习兵法，谈论军事，以为天下没人能胜得过他。他曾与父亲赵奢谈论用兵之事，赵奢也难不倒他，可是并不说他好。赵括的母亲问是什么缘故，赵奢说："用兵打仗是关乎生死的事，然而他却把这事说得那么容易。如果赵国不用赵括为将也就罢了，要是一定让他为将，使赵军失败的一定就是他呀。"

《史记》中有这么两位母亲，都有一种同样的智慧，那就是做人有自知之明，做人要有正气。自知之明是一种认识问题的能力，做人有正气是一种修养，也是判断问题的一种方法。社会上流传着许多指导年轻人成功的方法，方法不尽相同，但拥有优良的品德至关重要，比如一身正气、礼义廉耻、真诚、勤劳、努力等都是影响一个人成功的因素。古人云：自知者明。

等到赵括将要启程的时候，他母亲上书给赵王说："大王您不可以让赵括做将军。"赵王说："为什么？"她回答说："当初我侍奉他父亲，那时他是将军，由他亲自捧着饮食侍候吃喝的人数以十计，被他当作朋友看待的数以百计，大王和王族们赏赐的东西全都分给军吏和僚属，接受命令的那天起，就不再过问家事。现在赵括一下子做了将军，就面向东接受朝见，军吏没有一个敢抬头看他的，大王赏赐的金帛，都带回家收藏起来，还天天访查便宜合适的田地房产，可买的就买下来。大王认为他哪里像他父亲？父子二人的心地不同，一个关心大局和手下军士，一个一心关心自己的私利得失。希望大王不要派他领兵。"赵王说："您就把这事放下别管了，我已经决定了。"赵括的母亲接着说："您一定要派他领兵，如果他有不称职的情况，我能不受株连吗？"赵王答应了。

赵括代替廉颇之后，把原有的规章制度全都改变了，把原来的军吏也撤换了。秦将白起听到了这些情况，便调遣奇兵，假装败逃，又去截断赵军运粮的道路，把赵军分割成两半，赵军士卒离心。过了四十多天，赵军饥饿，赵括出动精兵亲自与秦军搏斗，秦军射死赵括。赵括军队战败，几十万大军投降秦军，秦军把他们全部活埋了。赵国前后损失共四十五万人。第二年，秦军就包围了邯郸，又过了一年多，赵国几乎不能保全，全靠楚国、魏国军队来援救，才得以解除邯郸的包围。赵王也由于赵括的母亲有言在先，终于没有株连她。赵括因为只知道纸上谈兵而贻笑千年，可见没有实践的纸上谈兵会害死人。自古以来，读万卷书，行万里路相辅相成，容不得半点马虎，何况带兵打仗。道理人人都懂，只是每个人实践时就不一样了，理解深刻了，实践多了，少受其害；理解不深刻，反受其害，咎由自取。

另一个经典的案例是母亲教育儿子的故事，让人感慨万千。据《史记》记载：在今天安徽省的天长县（秦代叫东阳县的地方），陈婴家族是东阳县的望族，一直乐善好施，深得县民尊敬。陈婴本人是东阳县的一位文吏，他承继家风，深得人心，县民都说他是位忠厚、正直、可靠的人。

秦末，随着陈胜、吴广揭竿而起，天下四处响应，反对秦王朝的起义此起彼伏。东阳的一群少年英雄也自发地组织起队伍，杀掉县令，举起反秦的义旗。

蛇无头不行，龙无首不飞。这群英雄少年决定要推举一位首领，仿效陈胜称王的样子，在东阳县立王建朝。选来选去，最终选定了陈婴。一说要让陈婴出来当首领，没一个反对的，老百姓也是欢天喜地，十分拥护。

陈婴的母亲是位有学问的妇女，她听说要选陈婴为王，十分反对。她对陈婴说："我们陈家虽是县里的望族，但自从我做了你们陈家的媳妇，从来也没有听说过你们家族里面有过大富大贵的人物，现在一下子做什么王，名声太大了，容易招来祸害。况且，现在时局动乱，形势未明，出来称王，风险应该更大。不如另选人来做王，你当助手。成功了，你能得到封赏；不成功，人家也不会把你当头儿抓。"

听了母亲的话，陈婴于是坚决反对称王称帝。但这班少年不由陈婴依还是不依，硬推他当了首领。

人们听说后，都纷纷投到陈婴的部下，十来天时间，就由几千人发展到了二万余人，一时声威四播，连项梁、项羽叔侄听说后，都决意与陈婴的部队联合反秦。为了表示诚意，项梁还亲自写了一封信给陈婴。

陈婴被推做首领后，一直在心里想辞掉这个职位，如今一得到项梁的信，他马上召集各位将领，说："项家是楚国世代的将军，项梁是将门之后，侄子项羽有千夫之勇，要消灭秦朝，不如我们跟着项将军干。"大家一听有理，就投奔了项梁、项羽的军队。陈婴也卸掉了众人要他称王的包袱。后来陈婴观察到项羽这个人太自负，便投靠刘邦，被刘邦封为堂邑侯，并得以善终。

在秦末战乱中有多少英雄豪杰前赴后继，但善终的却不多。可见陈婴的母亲水平之高，不得不令人钦佩。据史书记载，陈婴当年被封为堂邑侯时，在秀江之畔筑城立治，因为城侧有泉，莹媚如春，饮之宜人，故名宜春，这就是江西省宜春市的来历。

两位不同时代的母亲，对自己的儿子都有深刻的认识和正确的判断，可结局截然相反：一个惨死，一个封侯。这与两个儿子的价值取向有很大关系。赵括自私自利，私心严重，连他母亲都看不惯，失败是早已注定的事。陈婴做人正直，一身正气，又肯听劝说，所以最后有一个好结果。赵括自以为是，到了封将军时，已经忘乎所以，他母亲的话自然听不进去，自以为天下第一，最终贻笑千古。陈婴却识时务者为俊杰，谦虚谨慎，战战兢兢，终成大事，真是让人感慨万千。现实生活中有些自以为是的官员，以为自己挺有水平，其实和人民的水平相比，非常幼稚和可笑。孔子云：知人者智，自知者明，胜人者有力，自胜者强。可谓说中了事物发展的共性。

孟母仉氏，以“三迁”、“断机”教子著称于世，被后人尊为“母教一人”。

从陈胜的失误看成败得失

贾谊在《过秦论》中评论道：陈胜仅仅是一个穷家子弟，他的才智以及水平很低，没有孔子和墨子的贤明，更没有陶朱和范蠡的财富。只不过是一个去屯戍长城的小队长，带领着几百名疲惫不堪，饥饿难忍，无路可走的流民。但是，他却敢于砍下木头，作为兵器，举起竹竿，当作旗号，天下人也风起云涌地响应他。大家各自带领着队伍，担上各自的粮食，带着金钱，来追随他。天下英雄豪杰最终摧毁了强大的秦帝国，可谓一夫作难而七庙隳身死人手，为天下笑者，何也？仁义不施，而攻守之势异也。毛泽东当年评论陈胜、吴广的起义是正义的农民起义。然而为什么最终失败了呢？其中的历史教训值得深思。

陈胜年少时对一起耕田的人说：苟富贵，勿相忘。可见，陈胜从年少时就是一个想干大事的人，果然他在大泽乡举事起义。从此之后一句名言千古流传：王侯将相，宁有种乎！而当他真的当了王侯将相之时，却把“苟富贵，

陈胜称王后，过去的伙伴来找他，并常跟他人讲陈胜过去的事情。于是就有人对陈胜说，你这个客人太放肆了，说话口无遮拦，愚昧无知，什么话都敢讲，乱讲一通，这样下去会破坏大王您的威严。陈胜一听很生气，于是下令把这个人杀了。从这一举动可以看出，陈胜无容人之量，更谈不上有什么执政智慧，失败是必然的事情。从陈胜身上我们领悟

到：做人要一身正气，用人要有容人的气量，这样事业方可正大光明，长治久安。

勿相忘”的诺言忘到了九霄云外。

当陈胜自立为王时，国号张楚，全国上下，纷纷响应，形势一片大好。当年和他一起受雇耕田的老伙伴听到了消息，不远千里来找陈胜，在王宫门前叫嚷：我要见陈胜。陈胜的指挥官要治他的罪，经过好一段时间的解释，才没有治罪，但就是不肯通报（不以人为本，官僚主义已经开始显现出来）。这伙伴倒也执着，等到陈胜出巡时他就大声叫陈胜的小名，陈胜听到了，就召见了他并和他一起乘车回到了王宫。这伙计到了宫殿后，因为从没见过如此宽敞高大、雄伟壮观的王宫，大发感慨，惊奇不已，在宫里随便出入，经常跟他人讲陈胜过去的事情。陈胜原是一个平民，估计过去的事情也不会光彩到什么地方去。于是就有人对陈胜说，你这个客人太放肆了，说话口无遮拦，愚昧无知，什么话都敢乱讲，这样下去会破坏您的威

摄于陕西韩城司马迁祠。

严。陈胜一听，便下令把这老伙计杀了。从这一举动可以看出，陈胜无容人之量。古人讲：量大福大。传统文化也讲：上天有好生之德。刘邦也讲道：杀降不祥。何况这个人还是他的老伙计。一个已经称王的人，和一个旧时的老伙计一般见识有什么意思？由此可见，陈胜的政治水平高不到哪里去，也谈不上有执政智慧。

孟子讲过：以仁存心，以礼存心。仁者爱人，有礼者敬人。爱人者，人恒爱之；敬人者，人恒敬之。君仁莫不仁，君义莫不义，君正莫不正。可见作为领导者所肩负的责任有多大。陈胜应该知道这个道理，但不聪明的人就是这样，道理知道，但做起来却又是另外一回事。这个人被杀之后，陈胜过去的伙伴吓得纷纷逃离，至此，陈胜身边也就没有几个亲近的人了。陈胜不知道这么一个道理：君者，群也。意思很简单，当君王的，就是群众的领导。离开了群众，给谁也当不了领导。

当年陈胜王认命朱房作中正（官名），胡武为司过（官名），负责纠察群臣的过失。这两个人每到一个地方，只要发现不听从命令的马上抓回来治罪，以办事苛刻来表示对陈胜的忠心。此二人对自己不喜欢的人极及苛刻，一发现有过错就直接审问定罪，马上严惩，而对自己信任的人加以提拔。这样就失去了公平公正。庸者被重用，后果可想而知。陈胜却很信任他们，将领们慢慢也就不再对陈胜心服口服了。起义失败后，陈胜被自己的车夫庄贾杀害，陈胜的部将吕臣又把庄贾杀了，而刘邦却为陈胜在砀县（今河南省永城市）安置 30 户人家看守墓地，用祭品去祭祀陈胜。可见，“天下大事必作于细，天下难事必作于易”，还是有道理的。

司马迁能在《史记》上把陈胜列入世家，是因为他是历史上第一位农民起义领袖。这反映了司马迁进步的历史观。司马迁对陈胜失败的原因只是一句话：诸将以其故不亲附，此其所以败也。这说明，失去人心是一件多么可怕的事。

邓通为何不通

邓通是汉文帝的宠臣。他倚仗汉文帝的宠信，官运亨通，过着富贵奢华的生活。汉文帝驾崩后，汉景帝即位，邓通被免去所有职位，最后竟被活活饿死。可见，一个人光靠拉关系、走后门、谄媚讨好上司并不安全。真正靠得住的还是真才实学、优良品德、乐善好施、廉洁自律。这可不是什么大道理，而是事物发展的基本规律。汉文

《汉书》中讲道：无德而富贵，谓之不幸。德，得也。古人讲：君子怀德，百福自集。《史记》记载了汉文帝时期有一个重要人物，曾经富贵一时，可惜好景不长，年纪轻轻竟被饿死。他就是邓通。这个人既不廉洁，又没有正气，还心胸狭窄，嫉贤妒能。著名的《过秦论》作者贾谊英年早逝，一生不得志就是邓通进谗言所致。因为贾谊少年有才华，看不起邓通这样毫无本事的宠臣，以致邓通怀恨在心，排挤贾谊。史书记载，邓通并无他技，可官运亨通，富贵一时，他靠的是什么呢？

据记载，邓通的父亲名贤，邓通的母亲在接连生了三个女儿后，终于生下了邓通。邓贤非常宠爱邓通，给儿子起名叫“通”，寓意一通百通。但幼年的邓通读书没有心思，也没有别的一技之长。

西汉初年，读书人的仕途大致只有三条：一条是做“郎官”，家有中等财产，自备车马服装生活费，可以到京师做“郎官”，等候朝廷的使

用；一条是在本郡做小官吏，不计财产，也就是说没有多少收入；还有一条是官府指名征召，这需要有贤才之名才行。到汉武帝时，才下令让郡县推举孝廉、秀才。“举孝廉”，这是汉代培养官吏后备干部的一种方法，由朝廷任命官职。被举之学子，除博学多才外，更须孝顺父母，行为清廉，故称为孝廉。在汉代，“孝廉”是选拔官员的一项制度，没有“孝廉”品德者不能为官。中国文化的一个特点是以“孝”和“廉”治天下，到清朝时，考取了举人，还是用孝廉公这个名称，这是沿用汉朝的称谓。在这种情况下，颇有资财的邓贤置办车马服饰，挥泪送别小儿邓通前往京师长安，希望邓通能为邓家寻求一条光宗耀祖、彰显门楣的道路。

年轻力壮、一表人才的邓通有擅长划船的基本功，不久就被征召到皇宫里做了一个为皇帝服务管船的小班长。

当年汉文帝刘恒为人仁孝宽厚，但也摆脱不了皇上的通病：比较迷信鬼神，希望长生不老，做梦都希望成仙。有一次，汉文帝做梦想上天，却无论怎样都登不上去，这时有一个少年从后面把他推了上去，他回头看到少年穿了一件横腰的单短衫，衣带系结在背后。梦醒后汉文帝看到邓通穿的衣服正如梦中所见，于是召问他姓名，邓通恭敬地回答自己，姓邓名通。因为音近“登通”，汉文

帝在世时对邓通大加宠信，可是，汉文帝能管住身后事吗？所以做人做官做学问，无论做什么都要一身正气，礼义廉耻的标准应该伴随一生，以免落得身后骂名。

帝听后十分高兴，觉得吉利，就开始宠信他。于是，邓通开始登上政治舞台，成为皇帝的心腹，这让别的大臣看着眼红。

有一天，汉文帝命令一个善于看相的人为邓通相面。相面人实话实说："邓通会因穷困而至饿死。"汉文帝惊奇地说："能使邓通富有在于我，我想让谁富贵谁就富贵，怎么说他会贫困而至饿死？简直是胡说八道。"于是汉文帝就将许多铜山都赏赐给邓通，并特许他自己铸钱。这比开银行挣钱都快。邓通更是小人得志的样子。

有一年汉文帝身患毒疮，邓通因为感谢皇上对他的恩德，常常为汉文帝吸吮毒疮。汉文帝也感动了，问邓通："天下谁最爱我呢？"邓通回答道："应该没有比太子更爱您的了。"后来太子进宫问候汉文帝的病情，汉文帝为了验证邓通说的话是否真实，要太子为他吸吮患处。太子吸毒疮时面露难色，事后听别的大臣说邓通经常为皇上吸吮毒疮，太子心里感到惭愧，却也因此而怨恨邓通了。

汉文帝驾崩后，太子即位，他就是历史上的汉景帝。过了不久，有人告发邓通在域外铸钱，中饱私囊。官吏查证后就将邓通的家产充公，随即免去邓通的一切职务。汉景帝的姐姐长公主看着邓通贫困不忍心，就叫人送给邓通一些钱财，可是下面的官吏马上就找各种理由收走。真可谓此一时也，彼一时也。邓通只好寄居在他人家里，最后饿死。后有人写道"邓通饿死严陵贫，帝王岂是无人力"，以此告诫人们。纵观邓通一生，进不由道，位过其任，莫能善终，真是让人感慨万千。这种人历史上每一个朝代都有。正应了荀子的一句话：言善，身行恶，国妖也。

可见，一个人光靠拉关系、走后门、谄媚讨好上司并不安全。真正靠得住的还是真才实学、优良品德、乐善好施、廉洁自律。这可不是什么大道理，而是事物发展的基本规律。汉文帝在世时对邓通大加宠信，可是，汉文帝能管住身后事吗？自然是不能。而邓通自己也不争气，除了会讨好皇帝之外，别的一无所能，更毫无远见，没有危机意识，自以为可以富贵到老。邓通的故事印证了古话：无德而富贵，谓之不幸。无德而富贵，乘富贵之势以残身。有德而富贵，乘富贵之势以利物。所以古人说，福之来，是人自己应得的；祸之至，也是人自己造成的，就看你自己如何把握了。圣人因为明于此理，便可知吉凶。邓通这样的人历史上和现实生活中一直都有，但都不得善终，比如魏忠贤、和珅、李莲英等等。“穷则独善其身，达则兼善天下”是传统文化要求做人准则。现实中好多人并不懂得这一点，就是着急追求成功。成功后却不知道爱惜羽毛，一味自以为是；等到失败时，后悔也就晚了。我们学习历史，可以少犯许多错误。现在有极个别腐败案，在一个地方，形成一个小圈子、小团体，相互帮忙“摆平”问题。表面看起来风光，可是从历史的角度看，这样的小团体都不会有好结果。

中国历史上历来重视做人的品德。境界高一些，为人民多想、多做一些有益的事，幸福指数和受人尊敬程度岂不是会高一些？做人要厚道，更应该一身正气、正大光明，这才是关键。

由历史回到现实，一个官员如果没有坚定的廉政价值观就会很危险。这种坚定的廉政价值观实际上就是廉洁自律。这样，自己的修养和境界就会提升，为自己走出一条光明大道。

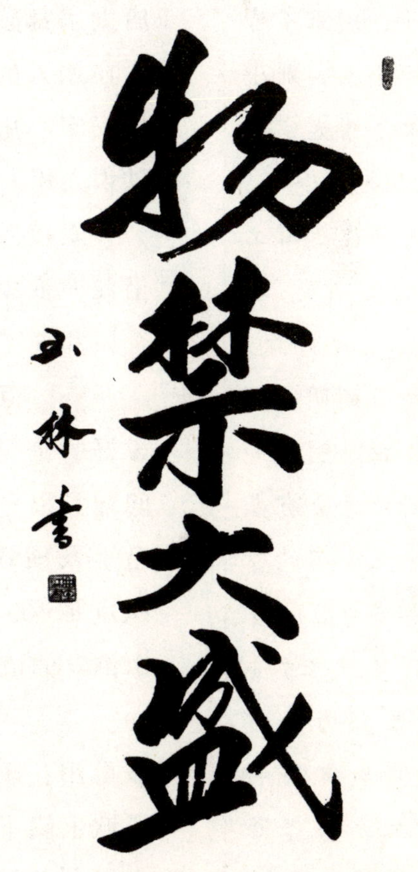

荀子曾说：“物禁大盛”，意思是物极必反，凡事都有分寸，不可走向极端。

宁可不识字，不可不识人

唐太宗讲道：用一君子，则君子皆至；用一小人，则小人竞进矣。唐太宗多用君子，少用小人，所以才有历史上有名的“贞观之治”。物以类聚，人以群分。历史上所有的明君周围都多忠臣。明君加忠臣，所以才会有盛世。历史上所有的昏君周围都多奸臣，昏君加奸臣，所以才会出现乱世。由此可见，我们如何用科学的用人方法保障忠臣来治国，防止奸臣来祸害百姓，

识人，确实是件不容易的事，连千古一帝唐太宗都感到困惑。为什么识人如此之难？因为在用人的问题上，用了忠臣，百姓幸福，社稷安宁；用了奸臣，百姓遭殃，社稷不稳；可见识人用人之责任重大，不可轻视。

崇祯四年，崇祯皇帝借遭遇旱灾之际，想借此改变朝廷风气，于是列举了十一种官吏的歪风邪气：

一、臣下“事多蒙蔽”。大臣不讲真话；只说好听赞扬的话，把问题藏起来。为什么要藏问题？很简单，暴露问题就会挨批，藏起问题，皇上及朝廷还觉得天下太平。这样时间久了，积重难返，爆发时一发不可收拾。同“兵败如山倒”的道理是一样的。

二、“用人不当”。有才干、有能力者不能被重用；庸才占据高位，能出什么好主意？除了欺上瞒下，粉饰太平，多为自己捞好处，置人民利益于不顾之外，还能干什么？损国家利益，成自利之便，危害甚大。

三、“任事者推诿不前”。占据重要位置却不恪尽职守，只想着自己及家人和周围人的利益，得过且过，明哲保身。

四、“刑罚失中，而狱底多冤”。用现在的话讲就是司法腐败极为严重。司法腐败，政府就会失去民心，没有威信，社会就会失去公正公平的基础。

五、“墨吏纵横，而小民失所”。基层官吏为非作歹，欺压百姓；百姓屡受盘剥，苦不堪言。

六、“遵、永之援军，扰害土著”。派往遵化、永平前线的军队扰害当地民众。

七、“秦、晋之征夫，妄戮无辜”。在山西、陕西两地征夫过程中，擅杀人民，使地方鸡犬不宁。

八、“言官之参论，修怨徇私”。负责纠察政纪的官员不秉公行使职权，而掺杂个人目的，并趁机中饱私囊，坑害官吏。

九、“抚按之举劾，视贿为准”。地方要

让忠臣人尽其才，让奸臣无处藏身，这可是历史的一大课题。

摄于陕西韩城司马迁祠。

员根据贿赂，来决定对于属下的荐举或参劾，也就是买官卖官比较严重。

十、“省、直之召买，暗派穷黎”。各省及南北直隶，把徭赋的负担主要加之于穷人及弱势群体，人民能安静吗？

十一、“边塞之民膏，多充私囊”。国家用于边防军事的粮饷，被当官的大量私吞。

由此可见，明朝官员的风气有多可怕。崇祯皇帝想改变，可是为时已晚。以上因素导致近三百年之久的江山在崇祯皇帝手上断送。黄梨洲在《明夷待访录》中讲道：明太祖洪武十三年（公元1380年），宰相胡惟庸造反，明太祖因此废止宰相制度。但他又怕太监干政，于是在洪武十七年，铸了一铁牌“内臣不得干预政事”挂在宫门口。废除宰相，由皇帝来独裁，这样太监接近皇帝，时间久了，太监就会专权，以致到明朝的中后期，皇上嫌麻烦，批公文的事就交给太监，等于是太监“绑架”了皇帝。而如果太监烦了，或者有的太监不识字，就把最高公文当作包鱼包肉的废纸用，这种黑暗腐败，对最高公文的亵渎，历史上从来没有过。

明代太监干预政事的程度在历史上也是最厉害的。明太祖废除了宰相，他的后代继承了祖训。但对于“内臣不得干预政事”的祖训，他那些不争气的后代却没有继承，结果可想而知。黄梨洲认为明亡在于废除了宰相这一制度。他认为将来应该再设宰相一职，把宰相用来做政府领袖，不要全由皇帝独揽大权，这样皇帝也不会太累。按现在的话说，还显得民主。由此可见，制度的设计及官员的重要性，关乎国家安危。顾亭林在《日知录》中写道：天下太平，则小官多，大官少；天下大乱，则必然是大官多而小官少。总而言之，地方治理得好，天下就太平；地方治理得不好，天下就会大乱。可谓：郡县治，天下安。纵观中国几千年历史，历史上所有的动乱都是从地方开始的。可见地方政府的重要性。

据史书记载，唐太宗在总结用人时讲到对付小人是一件非常困难的事。唐太宗说：皇帝只有一个脑袋，而周围有太多的人琢磨如何对付皇帝。有的靠智慧，有的靠勇气，有的靠口才，有的靠装憨，有的靠装傻，有的靠谄媚，有的靠奸诈，总之，投其所好，满足皇帝的私欲，达到自己的目的。有为民着想的，有为江山社稷考虑的，有为自己的前途考虑的，还有怀有个人目的的。他们无孔不入，整天琢磨着皇帝，皇帝稍不注意就会中了圈套。但是，唐太宗确实是明君。他说过：用一君子，则君子皆至；用一小人，则小人竞进矣。所以才有历史上有名的"贞观之治"。物以类聚，人以群分。历史上所有的明君周围都多忠臣。历史上所有的昏君周围都多奸臣。由此可见，我们如何用科学的用人方法保障忠臣来治国，防止奸臣来祸害百姓，让忠臣人尽其才，让奸臣无处藏身，这可是历史的一大课题。

刘邦对用人也有独到之处。汉高帝五年（公元前202年），刘邦称帝，置酒洛阳南宫，与群臣论所以取天下之道。他说，"夫运筹帷幄之中，决胜千里之外，吾不如子房（张良字子房）；镇国家，抚百姓，给饷馈（供给军饷），不绝粮道，吾不如萧何；连百万之众，战必胜，攻必取，吾不如韩信。三者皆人杰，吾能用之，此吾所以取天下者也。项羽有一范增而不用，此所以为我禽也。"可见，知人善用成就了刘邦。

诸葛亮在千古名篇《出师表》中写道：亲贤臣，远小人，此先汉所以兴隆也；亲小人，远贤臣，此后汉所以倾颓也。先帝在时，每与臣论此事，未尝不叹息痛恨于桓、灵也。侍中、尚书、长史、参军，此悉贞良死节之臣也，愿陛下亲之信之，则汉室之隆，可计日而待也。这就讲了一个道理：君子当道，社会安定，国泰民安；小人当道，纲常混乱，国无宁日。社会也一样，如果社会正气十足，邪气自然消退；如果社会正气不足，邪气就会猖狂。用老百姓的话讲就是"上梁不正下梁歪"这个道理。

西汉经学家、文学家刘向在《说苑》一书中说到为官之道时，将为官者概括为“六正六邪”。实际上也是教我们如何识人，判断人，以致如何用贤能之人。

“六正”：

一、高瞻远瞩，防患未然，此谓“圣”；

二、虚心尽意，扶善锄恶，此谓“良”；

三、夙兴夜寐，进贤不懈，此谓“忠”；

四、明察成败，转祸为福，此谓“智”；

五、恪尽职守，廉洁奉公，此谓“贞”；

六、刚正不阿，敢争敢谏，此谓“直”。

“六邪”：

一、安官贪禄，不务公事，此谓“庸”；

二、溜须拍马，曲意逢迎，此谓“谀”；

三、巧言令色，嫉贤妒能，此谓“奸”；

四、巧舌如簧，挑拨离间，此谓“谗”；

五、专权擅势，结朋营私，此谓“贼”；

六、幕后指挥，兴风作浪，此谓“阴”。

据史书载，唐初政治家魏征对此尤为赞赏，曾在《上唐太宗疏》中进言：“进之以六正，戒之以六邪，则不严而自厉，不劝而自勉矣。”他主张以“六正六邪”为标准，来选拔人才和实行奖励。科学再发达，最终是要人来掌握，多伟大的事都是人干出来的。同样，多卑鄙的事，也是人干出来的。

太平天国举事之前，社会风气极差，京官互相推诿，不管事，坐享其成；地方官则是事事敷衍过去就算。但对于百姓则极尽贪污之能事。也就是说，祸害百姓有本事，要说实事，则没人干。一年之后，太平天国起义，从广西打到南京，攻城掠地，势如破竹，当时的文官、武官里没有一个人是太平天国的对手，一败涂地。清政府没办法，只好重用曾国藩。这其中还有许多故事，当时曾国藩刚开始经营湘军，老打败仗，差一点投江自杀。好在他性格倔强，坚持了下来，最终扭转了局面。

事业越大挫折就会越多，困难就会越多，这是正常的事，就看你自己能不能在这样的挫折和失败中挺下来。曾国藩就是挺住了，硬着头皮挺下来了，永不言败、永不言退。湖南的湘文化，就是倔强、执着。我们做任何事情，也需要有这样的精神，才能成事。

曾国藩在识人、用人方面，有几点特别值得我们重视。

湘军创建之初，军饷是一个很大的问题，但对曾国藩来讲，最主要的问题是人才问题。在打仗的时候攻城掠地固然好，但曾国藩认为更重要的问题不在于得地而在于得人才。曾国藩爱天下之才，所以成天下之事。

曾国藩如何识人用人？他认为一个人端庄厚重是贵相，谦卑含容是贵相，事有归着是贵相。什么叫事有归着？在现实工作中，我们交代一个人办事，有些人干着干着就没有下文了，办得怎么样也不给你沟通；有些人就会跟你讲事情的结果，成是怎么回事，不成又是什么原因，后者就是事有归着。有些人做事是今天一件，明天一件，看起来忙得不可开交，实际上最后什么也没干好。

当年曾国藩给慈禧太后建议如何起用一方大员时只说了八个字：才大心细、静气内敛。就因为这八个字，慈禧太后将李鸿章任命为江苏巡抚。曾国藩选择了李鸿章作为他的接班人和事业助手，是他一生在识人用人上成功的标志。

因为曾国藩用人识人有独到之处，故蒋介石对曾国藩极为推崇。蒋经国在苏俄留学 12 年回来，蒋介石送给他的一本书就是《曾文正全集》。他在给蒋经国写信时说，我现在很忙，因为要打仗，但是《曾文正家书》就是我要写给你的。蒋经国在自述中也说到了这一点。

毛泽东评价曾国藩：“愚以近人独服曾文正公。”由此可见毛泽东对曾国藩的敬佩之情。

时间回到解放战争时期，据记载，蒋介石曾说：“古今中外，任何革命党都没有我们今天这样颓唐和腐败，也没有像我们今天这样的没有精神，没有纪律，更没有是非标准，这样的党早就应该被消灭、被淘汰了！”可见蒋介石已经认识到问题的严重性。同样，从他对手下的指责中也可以看出他的担心：“你们今天做军长、师长的人，如果真正凭自己的学识能力，在国外做一个团长的资格都不够！正因为我们中国一切落后，人才贫乏，所以你们竟能以微薄的才能，担负如此重大的责任。”他还说，大部分军官都在打糊涂仗，都不研究学术和典范，更不注意侦察敌情和地形，随便拟定计划，随便颁发命令，而不能缜密研究，切实准备，不用脑筋，不肯研究，不求甚解。至于办事，则更是敷衍表面，不求贯彻。蒋介石还指责国民党的军官不能彼此合作：“大家都养成自保自足的恶习，只看到自身带领的部队的利益，至于友军的危难，整个战争的成败，几乎是漠不关心……如果我们打了败仗，就彼此怨恨，相互攻讦，将自己的过失，尽量掩护，将失败的责任，推得干干净净……现在各级军官对上级命令大多阳奉阴违，甚至根本没有执行，以致命令功

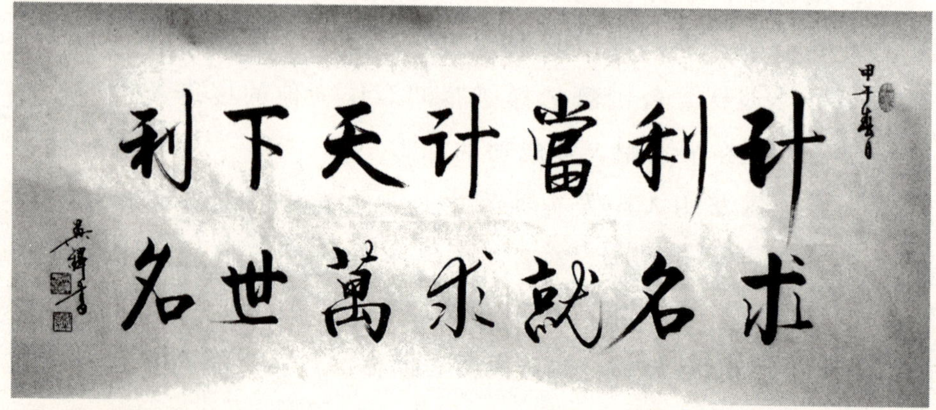

蒋经国的座右铭。

用完全丧失……军事和政府部门对过去的失败都负有责任。但是最主要的责任，是因为党的瘫痪，党员、党的组织机构和党的领导方式问题重重。因此，党成了行尸走肉，政府和军队也就丧魂失魄，结果是军队崩败，社会动乱。”蒋介石曾经列举了国民党党员的五大毛病：一、做官不做事。二、有私利而无公利，有小我而无大我。三、重权位而不重责任，享受权利而不尽义务。四、有上层而无基础，有党员而无民众，自高自大，而不知民众疾苦，与民众相隔离。五、有组织而无训练，有党章而无纪律，有议案而无行动。有这样的军队，哪有不败之理?

而毛泽东1937年在《反对自由主义》一文中讲自由主义有十一种表现。其实也就是规范干部如何对待革命的态度问题。

因为是熟人、同乡、同学、知心朋友、亲爱者、老同事、老部下，明知不对，也不同他们作原则上的争论，任其下去，求得和平和亲热。或者轻描淡写地说一顿，不作彻底解决，保持一团和气。结果是有害于团体，也有害于个人。这是第一种。

不负责任的背后批评，不是积极地向组织建议。当面不说，背后乱说；开会不说，会后乱说。心目中没有集体生活的原则，只有自由放任。这是第二种。

事不关己，高高挂起；明知不对，少说为佳；明哲保身，但求无过。这是第三种。

命令不服从，个人意见第一。只要组织照顾，不要组织纪律。这是第四种。

不是为了团结，为了进步，为了把事情弄好，向不正确的意见斗争和争论，而是个人攻击，闹意气，泄私愤，图报复。这是第五种。

听了不正确的议论也不争辩，甚至听了反革命分子的话也不报告，泰然处之，行若无事。这是第六种。

见群众不宣传，不鼓动，不演说，不调查，不询问，不关心其痛痒，漠然置之，忘记了自己是一个共产党员，把一个共产党员混同于一个普通的老百姓。这是第七种。

见损害群众利益的行为不愤恨，不劝告，不制止，不解释，听之任之。这是第八种。

办事不认真，无一定计划，无一定方向，敷衍了事，得过且过，做一天和尚撞一天钟。这是第九种。

自以为对革命有功，摆老资格，大事做不来，小事又不做，工作随便，学习松懈。这是第十种。

自己错了，也已经懂得，又不想改正，自己对自己采取自由主义。这是第十一种。

共产党经过整风运动，革命意志更加坚定，斗志更加坚强，德才兼备的人才得以重用，人的问题得到了解决，最终取得了革命的胜利。毛泽东曾经讲过一句名言与人才有关：政治路线确定之后，干部就是决定的因素。培养了合格的干部，“任凭风浪起，稳坐钓鱼船”。中华人民共和国成立后，毛泽东在一次讲话中，就张子善、刘青山因贪污腐败被枪毙事件，语重心长地告诫全党：“我们杀了几个有功之臣也是万般无奈。我建议重读一下《资治通鉴》。治国就是治吏。礼义廉耻，国之四维。四维不张，国之不国。如果一个个都寡廉鲜耻，贪污无度，胡作非为，而国家还没有办法治理他们，那么天下一定大乱，老百姓一定要当李自成。国民党是这样，共产党也是这样。杀张子善、刘青山时我讲过，杀他们两个，就是救两百个、两千个、两万个啊。我说过杀人不是割韭菜，要慎之又慎。但是，事出无奈，不得已啊。问题若是成了堆，就是积重难返了啊。崇祯皇帝是个好皇帝，可他面对那样一个烂摊子，只好哭天抹泪去了哟。我们共产党不是明朝的崇祯，我们决不会腐败到那种程度。不过谁要搞腐败那一套，我毛泽东就割谁的脑袋。我毛泽东若是搞

腐败，人民就割我毛泽东的脑袋。”（《党建经纬》1998年第1期）

而同样举一个国民党解放战争时期的案例：1946年3月，济南国民党王耀武的三个军一天时间被陈毅粟裕的华野主力消灭，王耀武大惑不解地说道：五万多人一天就完了，我就是放五万头猪也够共军抓一个礼拜啊。可见国民党军队的战斗力和高级将领的水平如何。

曾任国民党中央秘书长的吴铁成在临终前说道：在国民党内，能者不得人尽其才，在党外，贤达之士又不肯丢弃偏见，与政府通力合作。结果，大陆就失去了。文胆陈布雷也感慨国民党缺乏为党国效命的人才。

毛泽东人才观的主要特色是：又红又专，德才兼备。邓小平人才观的主要特色是：尊重知识，尊重人才。这验证了一句名言：官得其人，鲜有败事。

让他三尺又何妨

孔子早就告诫人们，君子应戒绝常人的四种毛病，要不揣测、不武断、不固执、不自以为是。为官者，首先应有为人民服务的思想。当和百姓发生矛盾时，首先应该站在百姓的角度考虑问题。世界上每一个民族都有鄙视以强欺弱的价值取向。为官者如果高高在上，趾高气扬，自以为是地欺负弱势群体，离下课也就不远了。

据《桐城县志》记载，康熙时礼部尚书张英的老家人与邻居叶家在宅基地问题上发生了争执，家人飞书京城，让张英打招呼“摆平”叶家。而张英回馈给老家人的是一首诗：“一纸书来只为墙，让他三尺又何妨。长城万里今犹在，不见当年秦始皇。”家人见书，主动在争执线上退让了三尺，下垒建墙，而邻居叶氏也深受感动，退让三尺，建宅置院，六尺之巷因此而成。

在安徽安庆，流传着这样的说法：“父子宰相府”、“五里三进士”、“隔河两状元”，指的是张英家庭。张英的儿子是大名鼎鼎的张廷玉，热播的影视剧《康熙大帝》、《乾隆王朝》中都有他的身影。张廷玉为康熙时进士，官至保和殿大学士、军机大臣，为朝廷重臣。这与他深厚的儒学思想、渊博的学识和良好的品德也分不开。他有这样的作为，应该说得益于父辈、祖辈宁静致远、克己清廉的家风。

张英、张廷玉父子是有名的历史人物，二人在康、雍、乾盛世居官数十年，参与了平藩、收台湾、征漠北、摊丁入亩、改土归流、编棚入户等一系列大政方针的制订和实行，对稳定当时政局、统一国家、消除满汉矛盾、强盛国计民生都起到了积极而重要的作用。二人为官清廉，人品端方，均官至一品大学士，是历史上著名的贤臣良相。

张家经历的康雍乾三位都是清代有作为的皇帝，有作为的皇帝后面，都有一群经邦治国的仁臣。无作为的昏君周围自然有一些贪官污吏为非作歹，这是历史的共性。特别是雍正皇帝，为政时间不长，却厉行政改，一生勤于国政，“崇俭而不奢”，“毫无土木声色之娱”，“饭粒落于桌上也不舍弃”。当时的清王朝尽管帝王自律而有作为，但对汉人仍提防有加，防汉人颠覆政权，大兴“文字狱”，高官厚爵们也伴君如伴虎，如履薄冰，战战兢兢。张家父子委曲求全，终于成就两代仁臣。据记载，张廷玉之子张若霭殿试得一甲第三名（探花），张廷玉请求雍正换人，以留得名额给天下平民英才，因为张家已太多出人头地的机会了。雍正为此深为感动，将其子降级任用。张廷玉谦卑公允之心昭昭可鉴日月。

张家有这样深厚的背景，张、叶两家打的完全是一场不对等的官司，张家是当朝一品、深受康熙皇帝信任的文华殿大学士，叶家是个教私塾的穷秀才，就事情本身而论，张家按地契位置砌墙，也算不上恃强霸占。当时张英接到管家来信，不必写什么对付叶秀才的强硬言词，只需要让管家向当地地方官吏打个招呼要他们“酌情办理”或者“按律处置”即可。那些对当朝重臣唯恐巴结不上的地方官吏当然心领神会，会把事情办理得让大学士满意。但张英没有以强欺弱，而是采取了和邻睦里，宽仁待人的姿态，从而使两堵冷墙之间有了温度和宽度。这不仅在当时，就是在今天也是很有启示的。特别是对那些仗势欺人、横行乡里、以强凌弱、巧取豪夺的人，难道不应该感到羞愧和内疚吗？

回到现实社会生活中，马鞍山市花山区干部、旅游局局长汪××打人事件令人震惊。事件的缘由是马鞍山干部与行人胡某（学生）发生口角纠纷，并动手打了学生。围观并知晓马鞍山干部打人事件细节过程的人数从几个、十几个迅速升至几百、几千，整个大街被堵得水泄不通，这位马鞍山局长大人和一位女士被堵在轿车内，不能离去，最后不得不“请来”马鞍山市委书记和市长及几百名防暴警察帮他解围，但是他这位局长的乌纱帽当场被撸去，还得被拘留、关进看守所。

从这件小事我们可以看出，为官者，首先应有为人民服务的思想。当和百姓发生矛盾时，首先应该站在百姓的角度考虑问题。中国自古就有看不起以强欺弱的文化基础。其实，世界上每一个民族都有鄙视以强欺弱的价值取向。为官者如果高高在上，趾高气扬，自以为是地欺负弱势群体，容易激起众怒。凡领导往往自以为是时，离“下课”也就不远了。在现实生活中，我们也会遇见少数自以为是的领导，水平倒不见得有多高，但官势大得不得了。人们一般都像躲瘟神一样远离这样的官员。这也说明一个问题：你远离群众，群众也会远离你。毛主席在《〈农村调查〉的序言和跋》一文中，曾经说过一段很重要的话：“群众是真正的英雄，而我们自己则往往是幼稚可笑的，不了解这一点，就不能得到起码的知识。”孔子也早就告诫人们：君子应戒绝常人的四种毛病，要做到不揣测、不武断、不固执、不自以为是。孔圣人几千年前就指出的人性的弱点和现在的人也是完全一致的。如何改正和规避人性的弱点，就看个人善不善于学习，善不善于提高自己的品质修养。从这一点上来看，张英父子和汪局长自然没有可比性，局长明知犯了错误，态度如果谦和一点，诚恳一点，和气一点，问题肯定要比现在好解决。百姓问题无小事，就看从哪个角度处理了。以自己为中心，叫自私自利；以群众为中心，叫大公无私，虽然几个字之差，可结果有着天壤之别。

心术不正，状元也没用

《清风亭》在京剧中又称《天雷报》。讲的是薛荣的妻和妾关系不好，经常发生矛盾。妾周氏生下一子，妻经常欺负周氏。周氏被逼无奈，把生的孩子抛在荒郊野外，被以打草鞋为生的老人张元秀夫妻拾得。张元秀夫妻为孩子取名张继保，艰难度日，把孩子抚育成人。可13年后，张继保在清风亭被生母周氏带走。张元秀夫妻因思儿心切，疾病缠身，每日到清风亭盼张继保归来。几年后张继保考中状元，当了大官，荣归故里，春风得意马蹄疾，路过清风亭小憩。张元秀夫妇听说消息后高兴得悲喜交加，喜的是这么多年辛苦没有白费，终于有了成功的喜悦；悲的是这么多年望子归来，太多辛酸，太多牵挂，太多思念。当张元秀老夫妻前往认子时，状元张继保却忘恩负义，不肯相认，后张元秀夫妇只要求状元以仆人的身份收留他们时，状元也一口拒绝，把张元秀老夫妻当成乞丐，只给他们二百铜钱算是对养父养母的答谢费。

正义必将战胜邪恶。在现实生活中，虽然也有恶人没有得到恶报，但纵观人世间，任何事物的发展都不是绝对的，特殊性当中存在着普遍性，普遍性当中存在着特殊性。我们在处理事情时，既不要用特殊性去代表普遍性，也不要用普遍性去代表特殊性。既要灵活，又要变通，还要有原则。这个原则就是人民的利益高于一切。

老婆婆悲愤至极，用铜钱打在状元张继保的脸上，夫妻相继碰死在亭前。正在此时，狂风大作，雷电交加，状元张继保也被暴雷劈死。

《清风亭》在群众中影响较大，有震撼人心的悲剧力量。正义必将战胜邪恶。在现实生活中，虽然也有恶人没有得到恶报，但纵观人世间，任何事物的发展都不是绝对的，特殊性当中存在着普遍性，普遍性当中存在着特殊性。我们在处理事情时，既不要用特殊性去代表普遍性，也不要用普遍性去代表特殊性。既要灵活，又要变通，还要有原则。这个原则就是人民的利益高于一切。

自古以来，老百姓都喜欢看恶人得到报应，受到惩罚的文艺作品，更喜欢善有善报，恶有恶报的说法。这反映了普通人民的道德观念。中国传统文化在过去是以“四维八德”治国和治吏的。四维是指礼、义、廉、耻。八德是指忠、孝、仁、爱、信、义、和、平。对不忠不孝之人都会当瘟神一样敬而远之。试想一个团体或一个单位如果用一个不忠不孝之人做领导，凡事必然“私”字当头，这个单位或这个团体就会上行下效，长此以往，单位肯定会搞得乌烟瘴气，有德有义的人才就会被小人压制住而无法出头。所以，官德教育任重而道远。一句话，做人如果不正，状元也没什么了不起！

修桥当修赵州桥

天下赵州，这是唐朝时赵王对赵州禅师德化广大的赞叹表扬之语。而与之遥望相对的是洨河上的赵州桥，又叫安济桥（由宋哲宗赐名，意为“安渡济民”）。这座桥举世闻名，是由隋朝的石匠李春设计和参加建造的。赵州桥桥长50多米，有9米多宽，中间行车马，两旁走人，桥的设计完全符合科学原理，造福于民。整座桥全部用石头砌成，下面没有桥墩，只有一个拱形的大桥洞，横跨在37米多宽的洨河河面上。大桥的左右两边，还各有两个拱形的小

抗日战争时期，有许多欧美农业水利专家到四川都江堰参观，我国水利工作人员问都江堰工程需要改进吗？欧美水利专家一听吃惊地答道，如此工程，应该做长期研究了解，能吃透这伟大建筑已经是不容易的事了，怎敢说改进。由此可见，都江堰几千年前的水利工程让欧美水利专家都惊叹不已。这样的工程在中国很多地方都有，然而现在有少数建筑学家不去认真研究自己国

赵州桥是当今世界上现存最早、保存最完善的古代敞肩石拱桥。

家的经典，却修一些所谓与国际接轨的奇形怪状的建筑。建筑美，应该讲民族传统之美。

桥洞。平时，河水从大桥洞安静地流过，发洪水的时候，河水还可以从四个小桥洞流过。这种设计，在建桥史上是一个创举和奇迹，难怪后人称之为“神桥”。这种设计和创意，既减轻了流水对桥身的冲击力，使桥不容易被大水冲毁；又减轻了桥自身的重量，节省了石料，可谓达到了传统文化的最高境界：天人合一，造福于民。这座桥距今已有约1400年的历史，是当今世界上现存最早、保存最完善的古代敞肩石拱桥，1961年被国务院列为第一批全国重点文物保护单位。

赵州桥不但坚固，而且美观。栏板上雕刻着精美的图案，有的刻着两条相互缠绕的龙，前爪相互抵着，各自回首遥望；还有的刻着双龙戏珠。所有的龙似乎都在游动，真像活了一样。展示了我国古代人民高超的艺术水平。

我国人民为了纪念赵州桥，专门写了一首民歌《洨河上有座赵州桥》，其歌词是：洨河上有座什么桥呀？奇特雄伟世间少，世间少。桥身敞间共两岸哎，好像长虹半空飘。石桥啊石桥有多少岁啊，清清河水它知道，清清河水它知道。

当年梁思成感慨地写道：“河北赵县安济桥……可称为中国工程界一绝。”连西方李约瑟也感慨道：“在西方圆弧拱桥都被看作是伟大的杰作，而中国的杰出工匠李春，约在610年修筑了可与之辉映，甚至技艺更加超群的拱桥。”桥梁专家福格·迈耶说：“罗马拱桥属于巨大的砖石结构建筑……独特的中国拱桥是一种薄石壳体……中国拱桥建筑最省材料，是理想的工程作品，满足了技术和工程双方面的要求。”1991年，美国土木工程师学会将赵州桥选定为第12个“国际历史土木工程的里程碑”，并在桥北端东侧建造了“国际历史土木工程古迹”铜牌纪念碑。

抗日战争时期，有许多欧美农业水利专家到四川都江堰参观，我国水利工作人员问都江堰工程需要改进吗？欧美水利专家一听吃惊地答道，如此工程，应该做长期研究了解，能吃透这伟大建筑已经是不容易的事了，怎敢说改进。由此可见，都江堰几千年前的水利工程让欧美水利专家都惊叹不已。这样的工程在中国很多地方都有，然而现在有少数建筑学家不去认真研究自己国家的经典，却修一些所谓与国际接轨的奇形怪状的建筑。建筑美，应该讲民族传统之美。

赵州桥是世界最早的敞肩石拱桥，创造了世界之最，被誉为“华北四宝”之一，可谓名满天下。直到今天，赵州桥还发挥着经济作用，来参观和学习的人络绎不绝，带动了旅游发展，后人靠旅游也可以谋生，还没有污染环境，可见一个伟大的工程要造福多少人民。相对于有些豆腐渣工程，“楼歪歪”、“楼脆脆”、“楼倒倒”工程，简直是一个在天上受人尊敬，一个在地上受人唾骂。千年大计，质量为先。修豆腐渣工程的，做没有良心工程的，人人都骂的时候，离倒霉的日子也就不远了。

摄于陕西西安鼓楼。

看着伟大的赵州桥，不禁想到了苏轼当年在蓬莱只做了五天知府，却做了三件好事的历史典故。老百姓为纪念苏轼而自发修建祠堂供奉他，并写道：五日登州府，千年苏公祠。实际上，历史上的帝王将相也好，达官贵人也罢，随着历史的大江东去，能让人民记住，并受到尊敬的都是以人民疾苦为疾苦，以人民安乐为安乐的人。至于其他，在历史面前都太渺小。历史是人民创造的，以人为本是我们工作的重点。所以，多干点好事和正事，人活得才会有尊严，才能充实。

历史的经验一再证明，当一个国家看谁都不顺眼，见谁打谁的时候，离灭亡之日也就不远了。《圣经》里有句名言：上帝要毁灭谁，就让谁疯狂起来。当年的德国、日本、意大利已经验证了这个论断。社会的发展史已经证明，科技只能改变生活的方式和节奏，却改变不了人性。改变人性的是文化、历史还有时间。

到太空去生活不是人类的目标，也不是世界人民发展的方向。

如何长治久安，天人合一，快乐幸福，减少人生心灵的苦恼，化解文明的冲突和宗教的矛盾，才是我们应该考虑的重点。这就是中华文明对世界的贡献。各种文明应该各美其美，美美与共，和谐相处。修桥当修赵州桥，应该是科学发展观的具体践行吧！还有都江堰、赵州桥、曲阜孔庙、苏州园林、西安的城墙、大同云冈石窟、丽江古城、徽州建筑、洛阳龙门石窟、甘肃敦煌莫高窟和故宫等这些民族建筑的经典之作，既讲究实用，又兼顾艺术之美，可谓是人类建筑的瑰宝，这难道不值得学习吗？

社会转型时期党政干部更应坚守的价值观念

《史记》讲，福之至也，人自生之；祸之至也，人自成之。圣人明此理，可以知吉凶。

每一个时代都有一个时代的社会工作重心。从 1931 年 9 月 18 日到 1945 年 9 月 3 日抗战胜利，中华民族的工作重心就是抗战。抗日战争胜利后，全国人民期盼国内和平，希望建立一个独立、自由、民主、统一、富强的新中国。但在当时，美国积极帮助国民党政府独享抗战胜利果实，蒋介石则准备部署内战。《双十协定》公布后，中国共产党再次用实际行动向全国人民表示自己和平建国的诚意，而蒋介石在完成内战的军事部署之后，单方面撕毁《双十协定》，于 1946 年 6 月向中原解放区大举进攻，开始了全国规模的内战。历史的工作重心转为解放全中国。解放战争时期，中国共产党提出的政治口号是："保卫胜利果实""打倒蒋介石，解放全中国""打土豪，分田地"。经过三年多的解放战争，建立了中华人民共和国。

1949 年中华人民共和国建立，历史迎来了新的曙光。正如习近平总书记所说："我们的民族是伟大的民族。在五千多年的文明发展历程中，中华民族为人类的文明进步做出了不可磨灭的贡献。近代以后，我们的民族历经磨难，中华民族到了最危险的时候。自那时以来，为了实现中华民族伟大复兴，无数仁人志士奋起抗争，但一次又一次地失败了。”

从1840年到2013年这173年的历史中，我们可以发现一种规率。这种规率也符合《史记》中讲到的：天运是三十年一小变，一百年一中变，五百年一大变。治国的人，一定要重视三十年的小变。《史记》又讲：最好的方法是修德，其次是修政，再次是修救（缺失）等。当然，这一切都建立在国泰民安的基础上。也正如《史记》所写，邪妖胜不过有德的人。只有检点自己的行为，才可以避祸。也就是老百姓所说的德高鬼神惊。这种德，用群众的语言表示就是良好的行为方式与高尚的道德情操。

近200年来，随着资本主义和近代工业文明的发展，一些西方国家先是用大炮和商船来掠夺世界的财富，推广自己的价值观。但是，一些西方国家推行的所谓的价值观进程给世界带来了混乱，也带来了不安宁。相比之下，中国传统文化追求天人合一、自强不息、建功立业。再纵观早期的资本主义国家，如西班牙、葡萄牙、荷兰、英国、德国、法国到今天的美国，我们可以发现一个历史现象：西

摄于浙江杭州岳飞庙。

摄于陕西榆林白云观。

方的国家兴盛起来很快，但是一旦衰败，也会一蹶不振。

历史的画卷正如《三国演义》所说，天下大势，分久必合，合久必分。但是中华民族的历史发展趋势是走向融合。西方的文化过分追求民主、自由、人权、法制，所以走向“分”是一种必然。现在的美国貌似很强大，实际上人们的心灵很脆弱，各种社会问题日益严重。挖空心思的攫取财富、及时行乐的行为方式、虚拟的经济、定期出现的经济危机等资本主义病菌会困扰美国和其他一些西方国家的发展。这是文化的必然，也是历史的必然。

中国传统文化讲君子应该明道淑世。什么是明道？明道是指使人间正道明扬于世。什么是淑世？淑世犹济世。明白这个道理的人，就会知道，条件好，可以有所作为；条件不好，更要有所作为。条件不好，才会显出英雄本色。孔子成为圣人，条件好吗？司马迁写《史记》，条件好吗？关羽成为圣人，条件好吗？诸葛亮成为一代明相，条件好吗？从岳飞到文天祥，从文天祥到顾炎武，从顾炎武到孙中山，从孙中山到抗日战争的名将，试问：哪一个建功立业，为民族做出贡献的仁人志士条件好？

天道的规则是盈满而不溢，人道的规则是谦卑而受益，地道的规则是因时而制宜。一个人的成败必须以国家和民族的大局为重。一个人对于先进文化和道德的理解以及感悟有多深，决定了一个人的政治觉悟和水平高低。如果一个人的关注点仅仅局限于个人的荣辱成败和小集团的利益成败，那么，视野和境界就会太低。如果从广大人民的角度去考虑问题，解决百姓的问题，那么就会得到人民群众的支持，那还有什么问题和困难不能解决？从抗日战争、解放战争、抗美援朝到建设繁荣富强的新中国，离开人民群众的拥护与支持，一切都是纸上谈兵。具体到每一个党政干部，你建功立业的胸怀有多大？为人民还是为自己？为人民还是为小团体利益？为人民解决困难越多，广大群众就会受益，你人生的价值就越大。同样，为人民群众考虑得越少，为自己考虑得越多，人民越不会敬重你。这就是历史的普遍规则，谁也改变不了。当务之急是，让广大领导干部明白这个道理，践行这个道理，群众的问题就会得到解决。我们要以党风带动政风，以政风带动民风。现在有少数官员，境界和格局太小，一切都是为了自己，太自私自利，最终结果是身败名裂。这就是信仰缺失的结果。

《史记》讲，福之至也，人自生之；祸之至也，人自成之。圣人明此理，可以知吉凶。大概就是这个意思吧。

历史就是昨天发生的事。你今天所做的好与坏、真与假、是与非、美与丑到了明天就是历史。能不认真仔细吗？能不严谨细致吗？能不考虑到广大群众的利益吗？传统文化讲，“政治”通“正治”，“道德”通“道得”。只要走正道，就会得道者多助。况且，历史上的盛世王朝，如汉朝以孝治国，唐朝以德治国，都达到了盛世王朝的良性治理水平。中国自古以来民众对于领导干部就有道德层面高尚的预期。作为领导干部，能不以身作则，严格要求自己吗？

从国家情怀到家和万事兴，历史的发展规率一再表明：我们要实现中国梦，就要有稳定、成熟、健康、抑恶扬善、积贤为道、正大光明的发展路径。这实为民族之福，国家之福，百姓之福。

改革开放三十多年了，社会发展取得了举世瞩目的成果。但是，随着社会的发展，在这个价值观念多元化、利益诉求复杂化、社会矛盾突显的时期，摆在我们面前的问题如何解决？改革的路径是什么？这一直以来是从社会精英到寻常百姓都在思考的问题。在这种省思中，一个逐渐达成的共识是：中国的社会改革唯有与文化传统相结合，才能具有旺盛的生命力，才能为中国社会的良性运行提供重要动力。法治建设同样也不例外。著名的法律社会专家郭星华的研究结果表明，在中国，文化传统所塑造的行为惯性仍然在很大程度上影响着人们的行为，因此，在追求法律体系的形式理性的同时，法治建设要考虑中国的国情现实以及普通民众基于文化传统之上的价值取向和行为惯性，只有结合中国本土文化的法治实践才能持久运行、发挥效应。

文化的传承具有连绵性和连续性。文化是一个民族的血液。价值观念是文化的核心。社会再怎么发展，中华传统文化优秀的价值观比如善良、正直、勤劳、诚信、中庸、包容、厚德、礼义廉耻等被大家和社会认可并遵守的价值观念却不能改。在社会主义市场建设中注入依法治国的法制建设，是社会主义市场经济所必备的方法论。只有这样，才能做到以法治国与以德治国相结合的良性治理方式。否则，一切为了钱，不讲诚信、坑蒙拐骗等违法现象就会泛滥，社会风气就会走向恶劣。比如食品药品的安全质量问题，对于这种违法行为，必须严惩。

我们反思一下，中华人民共和国建国60多年以来，各种改革都取得了成就，但是，在改革中也走了弯路。现在，就是要减少弯路，多走正路。社会学有一个概念就是理性纠偏，理性地看待问题，理性地解决问题，不要极端化和简单化地看待问题。如何纠错，这就需要监督体制和倒查机制的成熟化。这才能让拥有权利的人不敢和不会犯错误。作为党政干部，在这个社会价值观念多元、利益诉求复杂化的今天，更应坚守中华传统文化优秀的价值观，并在工作中付诸实际、以身作则，以党风带政风，以政风带民风，成为让党放心，让人民满意的好干部。

理性应对风险社会的几点思考

钱穆在《中国文化对人类未来可有的贡献》中写道：欧洲文化一落不起，中国文化愈挫愈勇。不违背天，又不违背自然，还能达到人与天命自然融合一体。这是世界文化的归结，也是世界文化发展方向，这是人类最值得重视的现实问题。

在建设中国特色社会主义道路中，加强监督渠道，做到规避制度性腐败，减少人祸和“拍脑门”的决策失误也很关键。应该防止权贵经济挤压社会的公平公正，社会阶层固化，加大对公权力的约束，让人才脱颖而出，规范市场经济建设。邓小平讲过，改革也是革命。所以渐进式的改革世界和民众都会接受，关键是一年一个小台阶，五年一个大台阶，让民众看得见公平与公正是一种常态，而不是运动式的跟风和作秀。让民众摸得着的幸福生活应该是我们社会文明进程的目标。

实现社会公平正义是中国共产党人的一贯主张，是发展中国特色社会主义的重大任务。要按照民主法治、公平正义、诚信友爱、充满活力、安定有序、人与自然和谐相处的总要求和共同建设、共同享有的原则，着力解决人民最关心、最直接、最现实的利益问题，努力形成全体人民各尽其能、各得其所而又和谐相处的局面，为发展提供良好的社会环境。

当今世界发展日新月异，同时，也进入了一

个风险社会的时代。风险社会是指在全球化发展背景下，由于人类实践所导致的全球性风险占据主导地位的社会发展阶段，在这样的社会里，各种全球性风险对人类的生存和发展存在着严重的威胁。

1956年，德国社会学家贝克出版的《风险社会》第一次提出风险社会的概念。在贝克的分析中，有一个概念特别值得重视，即“有组织地不负责任”。他在《解毒剂》一书中指出，资本主义各大公司、政策制定者和专家结成的联盟制造了当代社会中的危险，然后又建立一套话语来推卸责任。这样一来，他们把自己制造的危险转化为某种“风险”。“有组织地不负责任”实际上反映了现代资本主义社会治理形态在风险社会中面临的困境。具体来说，这种“有组织地不负责任”体现在两个方面：一是尽管现代社会的制度高度发达，关系紧密，几乎覆盖了人类活动的各个领域，但是它们在风险社会来临的时候却无法有效应对，难以承担起事前预防和事后解决的责任；二是就人类环境来说，无法准确界定几个世纪以来环境破坏的责任主体。各种治理主体反而利用法律和科学作为辩护之利器而进行“有组织地不承担真正责任”的活动。贝克实际上就是反对世界霸权。当今社会，资本主义社会越走越累，弊病越来越明显，就如西医治病一样，五年前治好了胃癌，五年后发现癌细胞转移到肝脏，又对肝脏进行治疗，风险就加大了许多，生命就难以得到保障。比如资本主义社会的核威胁、核泄漏、毒品泛滥、枪支泛滥、艾滋病泛滥、群体性事件、突发事件、环境污染、恐怖组织、科技走向极端、邪教泛滥、金融危机、拜金主义、享乐主义、极端个人主义等一切预示着资本主义制度的弊病频现，已经筋疲力尽。而这一切的根源与资本主义的制度和价值观取向有关系。用英国首相的话说就是：我们的社会有病了。

而我们只有加强反腐倡廉建设，发挥社会主义市场经济的优越性，提炼传统文化精华为社会主义核心价值观服务，才能预防和对抗以上风险。只有社会主义的先进文化才能救中国。钱穆在《中国文化对人类未来可有的贡献》中写道：欧洲文化一落不起，中国文化愈挫愈勇。不违背天，又不违背自然，还能达到人与天命自然融合一体。这是世界文化的归结，也是世界文化发展方向，这是人类最值得重视的现实问题。

经过几百年的探索和发现，我们从历史的角度和严谨地看问题就会发现，资本主义社会的发展史实际上就是资源的掠夺史。而科技的发展给资本的扩张增加了翅膀，使资本主义更加疯狂地进行全世界的资源掠夺。宗教拯救不了资本的扩张，法律更拯救不了，民主、法制、博爱、自由、人权还是拯救不了资本主义社会。

价值观是文化的灵魂，文化是人的根本。中国传统文化价值观是善良、正直、勤劳、诚信、中庸、公正、包容、厚德、自强不息。西方的价值观是自由、民主、法制、人权和博爱。资本主义价值观有其合理的一面，那就是如何让自己舒服起来，如何让自己自由，如何让自己有人权，如何用法制和民主来保障这些价值观。但是，世界的资源是有限的，而人的欲望是无限的。资本主义的逐利性加上人的贪婪欲望，为了目标，可以不择手段。于是，在资源有限的情况下，为了争夺资源，战争就不可避免。第一次世界大战和第二次世界大战都可以说明此问题。人是社会性的，人是群居的，人必须相互合作才能生存。西方文明发源于海洋，海洋文化具有探索以及冒险的精神特征。加上人的主观能动性，科技由此推波助澜，于是，先发明轮船，再造鱼雷，造军舰，到现在造航母；先发明汽车，发明飞机，再发明核武器，宇宙飞船。科技越尖端，对人类自身安全性的危害就越大。比如核泄漏。第二次世界大战时美国给日本投原子弹也证明了这一点。

落后就要挨打。于是，中华民族在经历了苦难之后，开始学习西方。先学习日本，后学习德国，再学习法国，又学习英国、苏联、美国，到现在发现谁也救不了中国，只有自己才能救自己。我们五千年的文化一脉相传，唐、宋、元、明、清都一直领先于时代潮流，只是到了清朝中期才落后了。现在好多人选择出国留学，出国留学可以，但是要看你学什么。社科人文西方很难和我们比，经济科技可以学。我们需要钱学森这样的大师，可不需要学无所成的“海龟(归)”和“海带（待)”。比起西方文化，我们传统文化讲先天下之忧而忧，后天下之乐而乐；讲天下兴亡，匹夫有责；讲计利当计天下利，求名就求万世名。这就是胸怀和视野的区别，这就是文化的区别，也就是价值观的区别。

总之，用忠孝、礼义廉耻等思想来为我们社会政治和社会治理服务，加强法制建设，坚持公民在法律面前一律平等，维护社会公平正义，推进反腐倡廉制度建设，让人才脱颖而出，让努力的人都有机会获得成功。社会有序进步，国力稳步增强，民智不断提升，国家综合实力整体进步，国民素质稳步提升，这样就可以抵御任何风险和挑战。

让各级干部树立正确的世界观、人生观、价值观、道德观，有利于消除拜金主义、个人主义和享乐主义的腐朽影响。一方面，通过奖励机制，形成一个德福一致、公正有序的社会；另一方面，充分利用行政、舆论、教育等手段，发挥大众传媒、文学艺术等对先进文化和廉政文化建设的影响和感化，传播先进文化，弘扬社会正气，塑造美好心灵，激励人们积极向上，为建设富强、民主、文明的中华民族做出贡献。

论勤廉仁俭与党政干部的价值自律

圣人孔子在《论语》中讲，“为政以德，譬如北辰，居其所而众星拱之。”而作为党政干部、国家公务人员、知识分子群体，要恪尽职守，以身作则，积极承担自己的道德使命，遵守良好的行为准则，而勤廉仁俭的价值取向正是作为党政干部基本的行为准则，同时也符合社会主义核心价值观的基本要求。党政干部自然应该起到表率作用。

中华民族有五千年的优秀文化。在这几千年的历史长河中，又积累了太多的执政智慧和治国理念。从三皇五帝到夏、商、周，从百家争鸣到秦大一统，从秦朝短暂的历史到汉唐盛世的开辟，儒家思想成为执政者的正统思想，自然有其存在的道理。在世界四大文明古国中，唯独中华文化一脉相传，博大精深，从未中断。这又是什么原因？原因就在于中华文化从三皇五帝到不读《易》不可为将相，从《周易》到半部《论语》治天下。在这源远流长的历史文化进程中，展现出中华民族的一种特征，那就是：自强不息，厚德载物。而每一个历史时期和历史朝代都有伟大的具有民族精神特征的代表人物。他们汲取了中华文化的优良传统，成就了中华文化的百花齐放，百家争鸣。

对于历史，我们应该报以敬畏的精神和学习的态度。据《贞观政要》记载，在汉朝盛世时期，汉朝的文武百官上至皇帝，下到县令，没有不精通六经的。在治理朝政时如果遇到疑问，都能参考历史的经典案例来解决问题。这一点，尤其值得我们现在各级党政干部学习和借鉴。

2013 年 4 月 19 日，中央召开中共中央政治局会议，决定从 2013 年下半年开始，用一年左右时间，在全党自上而下分批开展党的群众路线教育实践活动，会议要求，在党的群众路线教育实践活动全过程，要贯穿“照镜子、正衣冠、洗洗澡、治治病”的总要求。其中的“照镜子、正衣冠”就出自唐太宗李世民的历史典故。如果我们不善于学习和借鉴历史和经典的智慧，那么，腐朽奢靡的不良作风就会乘虚而入。拜金主义、及时行乐、自私自利等不正确的价值取向也就随之而来。

中央领导在《更加自觉、主动地推动文化大发展大繁荣》一文中有一个概括：任何一个国家和民族文化的发展，都是在既有文化传统基础上进行的文化传承，变革与创新。如果离开传统，割断血脉，就会迷失方向，丧失根本。

台湾作家龙应台有这样的论述：越先进的国家，越有能力保护自己的传统，传统保护得越好，对自己越有信心；越落后的国家，传统的流失或支离破碎就越厉害，对自己的定位与前景越是手足无措，进退失据。

圣人孔子在《论语》中讲，“为政以德，譬如北辰，居其所而众星拱之。”而作为党政干部、国家公务人员、知识分子群体，要恪尽职守，以身作则，积极承担自己的道德使命，遵守良好的行为准则，而勤廉仁俭的价值取向正是作为党政干部基本的行为准则，同时也符合社会主义核心价值观的基本要求。党政干部自然应该起到表率作用。

宋明理学的胸怀是第一步开启民智，培养人才。目的是让社会风气更好，人人通过努力都能成功，创造一个理想的社会。多些天理良心，少些私心杂念。另一种解释就是公为义所在，私为利所在。

摄于甘肃兰州，左宗棠手迹。

为公是道理所在，为私是心术所使。勤廉仁俭的价值取向是最基本的价值规范。

国家要有一个重心（目前国家的重心就是国家富强，民族复兴，人民幸福），个人要有一个重心（民众形成共识，社会可以提供各种成功的机会，但是个人必须通过努力奋斗）。这些重心都要有一个共同的价值取向和行为准则。那就是：勤廉仁俭。在实际工作和生活中应该践行仁爱为民的奉献精神，不畏艰辛的勤劳精神，坚忍不拔的创新精神，以党风带政风，以政风带民风。党政干部如果能以身作则，从日常工作到社会生活的各个方面都能做到勤廉仁俭，在工作中用勤廉仁俭的价值取向来为人民服务，向社会传递正能量，用心去解决群众的困难，那么，有什么问题解决不了呢？如果我们能同心同德，齐心协力，群策群力，那么就会在践行勤廉仁俭的中收获一份厚礼：社会安定有序，人人安居乐业，老有所养，中有所成，少有所教，弱势群体皆有所依。人人都会是社会安全网的构筑者，不让任何人单独面对有困难的人生，让所有人在实现中国梦的同时能有出彩的机会。

中央全国宣传思想工作会议上强调："经济建设是党的中心工作，意识形态工作是党的一项极端重要的工作。"习近平总书记深刻阐明了党的中心工作和意识形态工作的定位和关系，明确提出了正确把握这两项工作的实践要求，为开创宣传思想文化工作新局面指明了方向，为统筹做好党和国家各项工作提供了重要遵循。改革开放以来，党中央集中精力把经济建设搞上去、使我们这样一个人口多、底子薄的国家，在今天取得了举世公认的成就，事实胜于雄辩。从根本上说，没有改革开放的发展成果，没有人民生活水准的改善，空谈理想和信念，空谈道德建设，最终意识形态工作也做不好。

在为期一年的群众路线教育主题活动中，党的十八大明确提出，围绕保持党的先进性和纯洁性，在全党深入开展以为民、务实、清廉为主要内容的党的群众路线教育实践活动，这是新形势下坚持党要管党、从严治党的重大决策，是践行先进文化的具体体现。

在社会转型时期，党员干部贯彻落实党的群众路线总体是好的，但也存在着一些问题。比如个别党政干部存在形式主义、官僚主义、脱离群众、脱离实际、不负责任、自以为是、高高在上、铺张浪费、奢靡享乐，甚至以权谋私、腐化堕落等问题，这严重损害了党在人民群众中的形象，必须认真加以教育和引导，彻底纠正不正之风。

从先进文化的代表到打铁还需自身硬，从上梁不正下梁歪到上行下效，都说明了以身作则、传递正能量、群策群力、同心同德的重要性。让勤廉仁俭成为我们工作生活中的行为准则和价值取向，让党政干部和群众形成共识，以党风带政风，以政风带民风，那就是一个实现了中国梦的美好时代。勤廉仁俭作为价值观念已经深入

摄于浙江杭州胡雪岩故居。

人心，在社会转型时期，面对价值多元化、文化多元化、利益诉求多元化的今天从传统文化中汲取智慧，将党的主张和人民的心声统一起来，为全社会的发展贡献力量至关重要。

第六部分

伟大的中华民族，可敬的传统文化

丁龙与孔子学院

丁龙，一个普通的美国华工，山东人，文盲。他于清末随华人到美国打工，在他去世后，美国哥伦比亚大学为他设立了以丁龙命名的讲座，这也是全美第一个专讲中国文化的讲座。

哥伦比亚大学是一所著名的大学，自建校以来，已有70多位校友获得诺贝尔奖金。美国现任总统奥巴马，1983年获得哥伦比亚大学文学学士学位。李政道曾在哥大任教，艾森豪威尔任总统前任该校校长。胡适、马寅初、冯友兰、宋子文

摄于山东曲阜孔府。

撒切尔夫人2002年在《治国方略——应对变化中的世界》一书中写道：中国不会构成冷战时期苏联的那种挑战，不仅因为中国现在还不是一个军事超级大国，今后也不太可能成为一个军事超级大国；还因为中国没有那种可以用来推进自己的权力而削弱我们西方国家的具有国际“传染性”的学说。今天，中国出口的是电视机而不是思想观念。

等均在该校留过学。这么一所大学能用一个华工而且是文盲的人的名字命名讲座，的确让人感动、让人深思。这得从一个真实的故事讲起。

美国南北战争时期，有一位将军家住纽约。这位将军脾气不好，一生独居，对所用仆人非打即骂，仆人来一个跑一个。丁龙来到他家当仆人，有一次他骂丁龙，丁龙一生气也走了。没多久，将军家里着火了，丁龙却来帮助他，将军惊异地问他："你怎么来了？"丁龙说："听说你家里着火了，我是来帮助你的，你也正需要帮助，我们中国人讲孔子的忠恕之道，以德报怨，我想我应该来。"这位将军更惊奇地说："孔子是中国几千年前的圣人，我不知道你还能读懂他的书，更懂得中国的圣人之道。"丁龙说："我不识字，不读书，是我父亲讲给我的。"将军又说："那你父亲肯定是一个学者了。"丁龙说："不是，我父亲也不识字，不读书，是我祖父给他讲的。我祖父也不读书，不识字，是我曾祖父给他讲的，再上面我也不清楚了。总之，我家世代都不读书，都是种田的庄稼汉出身。"那位将军不可思议地摇摇头，从此两人的关系由主仆变成朋友。后来丁龙得了病，病死前向将军说：我在你家半辈子，吃你的，住你的，现在我死了，把积攒的薪水送给你，本来这钱也是你的。将军更惊异地想，中国怎么会有这种人呢？为什么中国会出这样的人？于是，他决定把丁龙这一笔资金加上自己一大笔钱，合计21万美金捐给哥伦比亚大学，要在那里设立讲座，专门研究中国文化，这个讲座就叫丁龙讲座。

慈禧太后听到了丁龙这个故事后，大受感染和鼓舞，捐赠了包括《钦定古今图书集成》在内的5000多种图书，李鸿章和驻美使臣伍廷芳等人也有捐赠。

丁龙的所作所为让美国对中国的文化传统重视了起来，丁龙讲座也一直延续了下去，影响着每一位来哥伦比亚大学学习的世界各地的学生，包括美国现任总统奥巴马，以至于哥大校长保罗讲道：

丁龙不是一个学者，不是一个将军，不是一个重要的人物，他仅仅是美国第一代华人移民中的一个，他捐出来的是钱，但更重要的是贡献了他的视野和理想。我们这个机构存在的意义就是要在这个充满冲突与对抗的世界里，建立一种属于我们自己的理解和对话的方式，所以我们需要从新认识并嘉奖这样一种视野；同时，重新认识并嘉奖这样的人，尊重他的贡献，让世人知道并记住丁龙的名字。

然而，让美国及全世界人民惊讶的应该是中国文明及文化影响、教化下的中国人，这大概与西方圣经中的一句话“以眼还眼、以牙还牙”形成强烈的对比。

美国那位将军说：“丁龙和苏格拉底一类的人相似，可能是一个异教徒，但他的人格极为完美，既忠实且勇敢，既温和又警醒，既仁厚又有信义。他每天的事做得都很好，他是中国文化孕育出来的一位典型人物，他固然是一个儒教徒，同时他具有佛教的信仰，又具有清教徒的操守，更有基督教徒的品格。”

撒切尔夫人2002年在《治国方略——应对变化中的世界》一书中写道：中国不会构成冷战时期苏联的那种挑战，不仅因为中国现在还不是一个军事超级大国，今后也不太可能成为一个军事超级大国；还因为中国没有那种可以用来推进自己的权力而削弱我们西方国家的具有国际“传染性”的学说。今天，中国出口的是电视机而不是思想观念。英国财政大臣2003年访问中国时透露了一个信息，足以让人惊讶：英国在继续进口越来越多的家电、服装和其他东西的同时，可以出口一样东西来平衡，这就是英语。英语教学的价值五年里已从65亿英镑增加到103亿英镑。从图书进出口贸易来看，2004年，我国从美国引进图书4068种，输出14种；从英国引进2030种，输出16种。中国和西方国家的文化贸易逆差相差如此悬殊，这是必须正视的现实。对此，笔者认为，现在国泰民安，经济繁荣，国内外形势有利于我们的发展，我们已经有了孔子学院，也可以设立一个比诺贝尔奖金更大的孔子奖金。孔子奖金可以推广中国文化，比如和为贵；和而不同；君子以文会友，以友辅仁；四海之内皆兄弟……中国是世界的中国，越过文化和偏见的障碍，向世界更好地展示美丽的中国，文化的中国，和谐的中国，用人家能理解的语言和方式，推动中国文化与世界各国文化的交流与融合，这是非常有意义的事情。

笔者有时候想，文化是什么？文明是什么？人类的主流价值观是什么？意识形态又是什么？脱离了真、善、美、爱，这一切都会成为无源之水。只有择其善者而从之，其不善者而改之，世界才能和谐相处。从这方面讲，孔子学院任重而道远。我衷心祝愿承载着中华传统文明的孔子学院在世界各地发扬光大并开花结果，为构建和谐社会、和谐世界发挥最大的价值和思想上的引领作用。

永远的吴凤

爱人甚于爱己，凭一片赤诚。化除种族积久冤仇，正符孙总理嘉言：不作大官，应作大事。

成仁即是成功，洒满腔热血。持续宇宙永恒生命，岂让郑延年伟绩：造福全岛，示范全民。

此为国民党元老“和平老人”邵力子为台湾嘉义县吴凤庙题写的对联。吴凤庙又名阿里山忠王祠。吴凤的事迹应该写进历史教科书，是教书育人经典的教材之一。

吴凤（1699—1769年），福建漳州市和平县人，清朝康熙年间随父母移居到台湾省嘉义县竹崎乡（就是现在的阿里山乡一带）。吴凤从小“性沉静，心灵敏，善学而好问”，长大后他目睹高山族同胞过着刀耕火种的原始生活，教会了他们较为先进的农耕技术并传授基本的中药知识。24岁那年，他被清政府任命为阿里山通事，专门负责协调高山族、原住民族和汉人之

当下社会处于转型期，利益多元，思想多元，价值观多元。有一些问题还没有完全处理好，主要还是在于监督渠道不畅通所致。所谓文武之道，在人心，在人为，在处事。可有些问题老是处理不好，比如教育改革和医疗改革，一个育人，一个救人，都是事关全局的大事。所谓方法对头，办事不愁。教育和医疗卫生主管部门应该谦虚地向广大人民

天下為公

漢卿世兄屬

孫文

和一线工作者学习，到基层，到农村，到厂矿，到全国需要的艰苦的地方去调研。

间的关系，相当于现在的宗教局局长和民政局局长的职务。通事，顾名思义，变通协调处理日常事务之意。我们知道，做人的工作极为重要，而且最不好做，古往今来都一样，尤其是有着不同信仰的民族之间。这就需要领导者要有足够的智慧。所谓治大国如烹小鲜，柔风细雨，春夏秋冬，时节不同，顺时而调整，实事求是，逐步完善，大道而自然。当时，高山族有“猎首”的恶习。“猎首”即杀外族人来祭神，是为祈求来年五谷丰收。每一年杀一个外族人，用这个外族人的头来祭神，他们认为只有这样才能求得神的保佑，来年才会风调雨顺。清雍正四年（1726 年），当地高山族又要去猎首，吴凤得知后赶去劝阻。吴凤问：你们以前猎首的骷髅不是还有多余的吗？他们说：是的，还有 40 多个。吴凤劝解道：那么你们一年祭一个，绝对不能随便杀人。为了自己的小团体利益而杀害同胞，这可是不仁不义之举呀！因为吴凤平时极有威望，高山族人基本上认同吴凤的劝解，一晃 40 年过去了，平安无事。但是库存的骷髅用完了以后，又该怎么解决这个问题呢?

到清朝乾隆三十二年（1767年），当地高山族又向吴凤请求外出猎首，吴凤心平气和地劝解道：今年不行，先杀头牛代替吧！高山族人被劝回去了。1768年，吴凤又劝解了一次，其间，吴凤又做了许多民生工作。1769年，天大旱，庄稼收成锐减，当地高山族人一致认为是没有祭天神而致，于是铁了心地集体去找吴凤要猎首，吴凤劝解无效，便对他们说：好吧，明天早上村里有个穿红衣戴红帽的人，你们可以把他杀了，割下头去祭神。不过，你们保持这种不好的风俗，山神会发怒惩罚你们的。第二天早上，果然有个穿红衣戴红帽的人经过指定地点，高山族人便不约而同地用箭把他射死，之后又抢着去割这个人的头。可让他们惊讶的是，原来射死的竟是大家尊敬、爱戴、声望极高的阿里山通事吴凤。所有人都后悔不已，随即召开阿里山48个村庄首领会议，痛下决心，达成一致意见，决定废除猎首这个陋习，并昭示子孙，永志不忘。当地居民为了感念吴凤的精神，决定集资修建祠堂来供奉吴凤，于嘉庆年间修建了吴凤庙，这就是吴凤庙的来历。

吴凤在位48年，为当地居民和汉人修睦和好做出了重大贡献，更有杀身成仁的义举，感化教育了原居民，改变了他们多年的陋习，形成了和睦友好、自力更生、自强不息、相互合作、相互信任的良好风气。这大概就是精诚所至、金石为开的真实写照吧！这样的人堪称圣人。这种救世之心实在令人敬佩有加。吴凤伏尸一人，流血五步，但他传名万世，遗爱千秋，也算是开一代社会正气之先河的历史性人物。现在人们为了纪念他，把他生前任职的阿里山一带取名为吴凤乡，办有吴凤中学。在嘉义火车站广场有吴凤铜像。吴凤精神已经万世永存。

当下社会处于转型期，有一些问题没有处理好，主要还是在于监督渠道不畅通所致。所谓文武之道，在人心，在人为，在处事。

可有些问题老是处理不好，比如教育改革和医疗改革，一个育人，一个救人，都是事关全局的大事。原因在于方法有问题。方法对头，办事不愁，为什么不积集体智慧解决医改和教改问题？中央以人为本的好政策，到了有些基层，却落实不了。现在基层有些官员，占着位置不干事，极尽造假、欺上瞒下之能事，造成许多问题得不到解决。时间久了，自然就有许多问题出来。问题是解决出来的，极少数突发事件其实就是有些基层政府不作为、胡乱作为、视百姓利益为耳边风所导致而成。2010 年 2 月国家统计局公布 2009 年全国 70 个大中城市房屋销售价格，较上一年同比上涨 1.5%，这引起全国民众的质疑。到现在，质疑过后也没结果。更为可笑的是：有些部门还厚颜无耻地向社会要尊重和理解。真是可笑、可悲、可叹！

在科学发展观学习当中，笔者深刻地感受到了一点：在各种社会关系中，政府对权力的偏重应在于为民做主，主持公正。帮助弱势群体，是政府的一项重要职能，政府的任何权力不论在哪一个社会阶级中都不可能做到尽善尽美，都有这种或那种缺陷，这是正常的。但是减少决策失误确实是能够做到的。那么如何保证公平和正义具有可操作性?关键是加强监督，保证信息通畅。信息堵塞导致知情者不决策，决策者不知情。要让人民监督社会政务，群策群力，社会就会逐渐走向相对公平和正义，社会问题就会逐渐化解。各级官员只要把情为民所系，利为民所谋，权为民所用落到实处，和谐社会就一定能够实现。

重技能、轻人文的观念亟待纠正

报载，拥有海外博士学位、通过全国公选上任的太原某局局长因受贿被判有期徒刑15年。无独有偶，近来又有中科院候选院士涉贪科研经费的新闻。

博士、教授、院士，这么高的学历、这么多的光环，为什么过不了“廉政”关？人们在感叹之余，也在深思：为什么这些高学历的人才，却不能如普通人一样成为合格、守法公民？

现在，社会上有一种现象，似乎只要学习好就是好学生，于是就出现了“一俊遮百丑”的现象，好像只要考试考得好，老师、家长、亲友都说这个孩子有出息，将来能成才，却忽视了如何让这个孩子学会做人。

讲到如何做人，必须提及人文教育与知识传授这两个概念。不要觉得学习好、会考试，就是一个成功的人，这个概念在人们的教育观念中应该予以矫正。

什么是人文？《周易》讲，观乎人文，以化成天下。这道出了人文的重要性。而现在独生子

培养有正气的学生，就可以避免道德失范、诚信缺失，人生观、价值观扭曲等问题。做人应该识大体，明事理。什么是大体？为广大人民谋福利为大体。什么是小体？自私自利为小体。人心正，然后再去学技能；人心不正，学了技能反而害人。

千年学府特指湖南大学岳麓书院。

女众多，好几个长辈都围着一个孩子转，在赞美声中孩子只要学习好，其余的一切都可以忽略不计。这样就把中国传统文化教育的精髓给丢掉了。我们每一个有都应该先正心，即堂堂正正做人；然后再修身，包含身心健康。读书获取功名是为了什么，是当官发财，还是治国为民？这是学生和官员都要注意的价值取向问题。读书不能只为己，我们的教育要把学生培养成为一个一身正气，集天下之私为天下之公的人才。

好的人文教育一定能培育懂得礼义廉耻、报效国家的栋梁之才。可是，很多时候，我们的教育偏离了“促进学生全面健康成长”的正确轨道，偏重知识和技能的灌输，缺乏人文教育和道德培养。技能只是安身立命之术，做人却是最大的学问。如何做一个好人，做有益于社会的人，最终都归属于道德教育。现在的教育培养的人不能只有知识，没有文化；只有技能，没有人文。

传统文化讲，经师易得，人师难求。人文教育如此重要，当务之急是从现在开始，各级学校都应进行人文教育、道德教育。培养有正气的学生，就可以避免道德失范、诚信缺失，人生观、价值观扭曲等问题。做人应该识大体，明事理。什么是大体？为广大人民谋福利为大体。什么是小体？自私自利为小体。人心正，然后再去学技能；人心不正，学了技能反而害人。前文所述那名博士就是缺乏先做人、后做事的素养。孔子说：志于道，据于德，依于仁，游于艺，现在看来也是十分有道理的。

通识教育——一个严肃的课题

真正的人才是明道救世。这种大道，就是为人民服务，而不是为自己、为小团体服务。正如南宋大学者胡宏所说：学贵大成，不贵小用。大成者参与天地，小用者谋利计功。

前几天，我去看望我的老师，老师给我讲了个真实的案例，让我感觉到目前的教育中缺乏很重要的一项：学生的通识教育。

一大学教授看见自己的老师提了一捆书上楼，大学教授自己在脚扭伤了的情况下，帮自己的老师把书提上楼。恰好在此时，大学教授带的博士（男），也上楼了，看着教授吃力地提着一捆书，却视而不见。教授很有意见，但当时并没有对博士发脾气，而是反复思考这个问题：现在的学生怎么了？为什么不知道关心自己周围的人？教授在与别人讨论这个问题时，得到的结论是：学生不是做不到帮老师拿书，而是根本想不到帮老师拿书。由此可见，教学生学会人文关怀的通识教育任重而道远。

这就是目前应试教育存在的问题之一：各级学生缺乏通识教育。通识教育是一种人文教育，重在“育”而非“教”。如果一个学生缺乏通识教育，那么，这个学生就会缺乏人文关怀。缺乏人文关怀的学生自然就会自私自利，对周围的人

摄于中央党校。

和事漠不关心。如果一个学生拥有专业知识，拥有各级证书，拥有高等学历，却不会与周围的人打交道，不会为别人思考，只一心想着自己，这样的学生能在社会上生存吗？即使学富五车，如果缺乏基本的人文关怀，不会处理人际关系，自己难受，周围人看着也别扭。这样的人生多么无趣！

什么是通识教育？简单地说，就是一种人文关怀的教育，超越功利性和专业性局限的教育。如果一个人专业学得好，又具有人文情怀，能将专业知识融入到社会、人性、人情、人文中去，就既能将自己的专业知识发挥好，又能为社会服务，做一个对社会有用的人才。简单地说，就是理工科的学生应该有人文关怀的素养；文科的学生应该有理工科学生的严谨与逻辑思维。这样，教育出来的学生才是合格的人才。这应该是引起教育工作者深思的问题。

实现中国梦的目的是什么？正如习总书记所描述的：中国梦归根到底是人民的梦，必须紧紧依靠人民来实现，必须不断为人民造福。人人都有中国梦，人人在践行中国梦的道路上给社会和周围的人传递正能量，彼此帮助，相互关爱，就会像《中庸》所讲的：

万物并育而不相害，道并行而不相悖，从而整个社会达到百花齐放、百家争鸣的和谐共融的局面。比如：在社会工作中，当老百姓打电话到有关部门咨询问题时，有些工作人员一句“不知道”就挂了电话。这就不是人文关怀的具体表现。如果工作人员能够做到换位思考，愿意帮咨询者多询问、打听信息，或是哪怕多提供一个相关电的电话号码，都会让人感觉如春风一样温暖。马克思讲过：人是社会关系的总和。只有将知识积累与人文素养提升相结合，才是一个常态的有血有肉的人。

对于一名大学生来说，一味地接受专业化教育，人生未免显得孤独和寂寞。人从大自然中来，又到大自然中去，人世间伟大的作品都是在与大自然交流的过程中顿悟出来的。“天人合一”是中华文化的精髓之一，但教育的分科、分专业往往导致人们一辈子就从事一个比较狭窄的专业，就精神层面来讲，未免太可惜、太单调、太简单。保持对宇宙、对世界的广泛兴趣，人生才更有意义。没有明道救世的情怀，大学教育培养的学生只是谋小利、计小功的人，这哪叫人才？真正的人才是明道救世。这种大道，就是为人民服务，而不是为自己、为小团体服务。正如南宋大学者胡宏所说：学贵大成，不贵小用。大成者参与天地，小用者谋利计功。

从立诚中学的校训谈起

有这么一所学校，孙中山先生题写校名，至今已有93年的历史。而这93年，正是中华民族从贫穷落后走向繁荣富强的历史。93年里，这所学校为国家培养了各个领域的精英人才，可谓桃李满天下。廖仲恺、于右任曾先后任该校学校董事，革命前辈习仲勋曾在此就读，并从这里迈上了革命的征程。这就是陕西省富平县的立诚中学。

富平县，从字面理解即是“富有太平”的意思，实地一调研，才知道是“富庶太平”之意。富庶太平，就需要人才，而人才的培养就需要学校。孙中山能为一所中学题写校名，由此可见孙中山对教育的重视程度。出资建这所学校的人也是大名鼎鼎的人物——胡景翼将军。他32岁主政河南省，担任省长兼国民军第二军军长（1924年)。在主政河南时，他打击土匪，兴利除弊，扶正祛邪，重视教育，培养人才，造福一方。

特别值得一提的是立诚中学的校训：阐发最新的学说，陶冶理想的人格，创造健全的社会。这则校训即使时隔93年之久，依然寓意深远。阐

从某种意义上讲，一个社会文明程度的标志，就是看对教师和医生的尊重程度。在过去，只有教师和医生被称为先生。道理很简单，一个育人，一个救命。

发最新的学说，这里的“学说”是指学术上的有系统的主张和见解。说到“陶冶理想的人格”，《现代汉语词典》对人格的解释有三点：(1)人的性格、气质、能力等特征的总和；(2)个人的道德品质；(3)人作为权利、义务主体的资格。创造健全的社会，当然是一种良性的社会治理方式。立诚中学的校训传递了一种教书育人的价值观：用知识改变命运，塑造品德高尚的学生，用德才兼备的人才建设理想的社会，为社会做贡献。这验证了富平的寓意：天下富庶太平，人民安居乐业。

立诚中学的校训，也符合传统文化对君子的要求：立德、立功、立言。从理想到现实，我们会发现，对于一个想对社会做出贡献的人来讲，君子“三不朽”中只有立德我们可以随时做到，比如关怀弱势群体，帮扶老幼，善待周围人群，干好自己的本职工作，传递社会的正能量等。每一个生活在这个社会上有理想、有抱负的人，都想建功立业。可是，建功立业是要讲条件和时机的。如果我们出生在抗日战争时期，那么，坚持抗战，就可以建功立业。到了现在，建功立业就要转换为为人民服务，所谓“空谈误国，实干兴邦”！再来说“立言”，就更难一些。从《吕氏春秋》一字千金的典故，到贾岛“两句三年得，一吟双泪流”的诗句，可见“立言”有多难！何况，从《周易》到《道德经》，从《道德经》到《论语》，从《论语》到《史记》，再到“四大名著”，可谓字字珠玑，难以超越。再说传统文化里“立言”的胸怀，那就更难以超越，比如“先天下之忧而忧，后天下之乐而乐”，“鞠躬尽瘁，死而后已”，“天下兴亡，匹夫有责”等都有心怀天下的气概。

立诚中学校训立意深刻，寓意长远，而立诚中学的校歌中有几句歌词更能激励莘莘学子。校歌写道：陶冶智力发扬国光，雪去百年仇耻，收回旧有疆场，莫作白面书生，束在高阁上。

在民国时代，一位将军尚能如此重视教育，后人又当如何呢？

党的“十八大”要求努力办好人民满意的教育，教育是民族振兴和社会进步的基石。要把立德树人作为教育的根本任务，培养德智体美全面发展的社会主义建设者和接班人。如何立德树人一直以来是教育工作者和社会都在思考的问题。一直以来，教育工作者也在努力践行着教育的方针。实践证明，“读万卷书，行万里路”应该是培养德智体美的一个有效路径。宋代理学家胡宏先生曾经讲道：学贵大成，不贵小用；大成者参于天地，小用者谋利计功。这也符合立诚中学校歌所要求的：莫作白面书生，束在高阁上。

第一流的历史人物——拨乱世，致升平

学习历史，书写历史，评论历史，最终都是一个目的：抑恶扬善。用司马迁的话讲就是：人固有一死，或重于泰山，或轻于鸿毛。用之所趋异也。用现在的话讲就是：为民族，为国家，为社会做出贡献的事业就是重如泰山，谋私利的就轻如鸿毛。

一部二十四史，不知从何说起。但是，纵观从《史记》开始到《明史》的中华历史，有一个特点：以人物为主线。每一个朝代历史人物的忠奸伪善，是非成败，千秋功过，一一道来。

中国人是世界上最重视历史学习的国家。国家有正史，宋以下，省有省志，州有州志，府有府志，学校有学校志，地方有地方志，一个家族有族谱，可以说中华民族是世界上最有文化的民族，抑恶扬善，褒贬是非，注重身后名。为什么中华民族注重历史呢？因为“鉴于往事，有资于治道”。孟子讲孔子作春秋，乱臣贼子惧。司马迁在史记中写到：人固有一死，或重于泰山，或轻于鸿毛。所有的历史记录方式，最终落脚点都是：如何做一个有益于社会的人。

中国人写历史最严肃，史官在政府中地位很高。春秋时，齐国太史在《左传》中记载“崔杼弑其君”，崔杼把太史杀了。太史的两个弟弟又续写“崔杼弑其君”，崔杼又把他们杀了。又来一个人，仍继续写“崔杼弑其君”。崔杼没有办法了，不敢杀史官了。此刻，在齐国南部另有一史官，听说齐国史官被杀了，他奔向都城，准备再来书写“崔杼弑其君”，当他听到这条据实记载的史文已经写定，才回到驻地去。这就是中国历史的良史精神。所以，敬畏历史应该是我们中华民族应该拥有的基本修养。从历史中汲取智慧，古为今用可是一个大课题。

古今中外，历史不外乎两种：治世盛世，衰世乱世。而登上历史舞台的人物就是治乱盛衰的关键因素。但是通过学习历史我们发现，只要在我们中华历史走向衰世乱世时，就有拨乱世、开太平的第一流历史人物出现。比如：尧，舜，禹，汤，文王，武王，周公，孔子，孟子，秦始皇，汉初三杰，唐太宗，宋神宗，个个人品和德行光辉万丈。

摄于浙江杭州岳飞庙。

正因为我们中华民族有这些先贤的指引，所以我们的历史呈现出的特点就是：自强不息，厚德载物，越挫越勇。越是在乱世衰世时就会有第一流的大人物出现，他们振臂一呼，拨乱世，开太平。中国人在历史上遇到衰世乱世，政治腐败的时刻，常常会从历史上找到奋斗的方向，总有第一流历史人物拯救时弊，开太平盛世。使人民看到希望。这就是中华历史所以延绵不衰的历史根源。也正因为有了这些第一流的历史人物的丰功伟绩才使得我们历史从未中断。中华文化得以绵延。这就是一种历史的感召和历史的担当。

昔日范仲淹在作《严子陵先生祠堂记》最后两句写道：先生之德，山高水长。有人建议改为：先生之风，山高水长。因为德是指某个人的操守与光辉的人格，但是是指一个人。风则可以影响大家，乃至影响历史与后代。所以孔子讲：君子之德，风。小人之德，草。草上之风，必偃。孟子也讲：圣人百世之师也，伯夷，柳下惠是也。故闻伯夷之风者，顽夫廉，懦夫有立志。闻柳下惠之风者，鄙夫宽，薄夫敦。

当年皇帝表扬孟子时用了“泰山气象”四个字，这里的气就是风气的意思。

但是，历史人物也有忠奸伪善之别。从历史的角度看，历史人

武侯祠中的天下第一流牌坊。

物如果只为一己私利，那么就必定落下千古骂名。一部春秋史，乱臣贼子惧。孟子批评张仪、公孙衍之徒是妾妇之道，哪配得上叫大丈夫。真正的大丈夫应该是居天下之广居，立天下之正位，行天下之大道；得志与民由之，不得志独行其道；富贵不能淫，贫贱不能移，威武不能屈，此之谓大丈夫。

学习历史，书写历史，评论历史，最终都是一个目的：抑恶扬善。用司马迁的话讲就是：人固有一死，或重于泰山，或轻于鸿毛。用之所趋异也。用现在的话讲就是：为民族，为国家，为社会做出贡献的事业就是重如泰山，谋私利的就轻如鸿毛。

复兴之路与文化自信

历史上的盛世都具有一些共同特征：比如国家统一、经济繁荣、政局稳定、文化昌盛、国力强大等。中华民族的伟大复兴离不开文化的大发展、大繁荣。中共“十八大”提出的文化强国战略中指出：我们一定要坚持社会主义先进文化前进方向，树立高度的文化自觉和文化自信，向着建设社会主义文化强国宏伟目标阔步前进。

习近平总书记在参观《复兴之路》时指出，“实现中华民族伟大复兴，就是中华民族近代以来最伟大的梦想。”这一时代解读，既饱含着对近代以来中国历史的深刻洞悉，又彰显了全国各族人民的共同愿望，为党带领人民开创未来指明了前进方向。“中国梦”的本质内涵是实现国家富强、民族复兴、人民幸福。而中华传统文化就已经为实现中华民族复兴提供了美好的蓝图和方向的指引。历史上的盛世都具有一些共同特征：比如国家统一、经济繁荣、政局稳定、文化昌盛、国力强大等。中华民族的伟大复兴离不开文化的大发展、大繁荣。中共“十八大”提出的文化强国战略指出：我们一定要坚持社会主义先进文化前进方向，树立高度的文化自觉和文化自信，向着建设社会主义文化强国宏伟目标阔步前进。

文化自信与民族复兴是一个大命题。在这个命题中我们应该怎样学习和继承中华传统文化的精华，为社会主义建设服务就是问题的核心。在漫长的人类文明史中，中华文明在大部分时间都是世界上最先进的文明之一，中华传统文化在历史上造就了诸多同时代其他国家难以企及的成就和盛世。

国学大师钱穆在《中国历代政治得失》一书的序中写道：我很早以前，就想写一部中国政治制度史。一则我认为政治乃文化体系中一要目。尤其如中国，其文化精神偏重在人文界。更其是儒家的抱负，一向着重修齐治平。要研究中国传统文化，绝不该忽略中国传统政治。辛亥前后，由于革命宣传，把秦以后政治传统，用专制黑暗四字一笔抹杀。因为对传统政治之忽视，而加深了对传统文化的误解。我们若要平心客观地来检讨中国文化，自该检讨传统政治，这就是我想写中国政治制度史的第一因。再则我认为政治制度，必然得自根自生。纵使有些可以从国外移来，也必然先与其本国传统，有一番融合媾通，才能真实发生相当的作用。否则无生命的政治，无配合的制度，决然无法长成。换言之，制度必须与人事相配合。辛亥前后，人人言变法，人人言革命，太重视了制度，好像只要建立制度，一切人事自会随制度而转变。因此只想把外国现成制度，模仿抄袭。甚至不惜摧残人事来迁就制度……然而制度是死的，人事是活的，死的制度绝不能完全配合上活的人事。就历史经验论，任何一制度，不可能只有利而无弊。任何一制度，亦绝不能历久不变。历史上一切以往制度俱如是，当前的现实制度，也何尝不如是。我们若不着重本身人事，专求模仿别人制度，结果别人制度，势必追随他们的人事而变，我们也还得追随而变，那是何等的愚蠢。其实中国历史上以往一切制度传统，只要已经沿袭到一两百年的，也何尝不与当时人事相配合。这是我想写一部中国政治制度史之第二因。

我为什么要把钱穆先生的书序用在文章中，是因为1840年以来，我们一味地模仿西方的文化和制度，结果学了将近200年，却是什么也没学会。文化具有地域性，各种文化应该和谐共处，相互欣赏，相互学习，相互借鉴。这就正如当前美国到处推销自己本不成熟的价值观——自由、人权、民主和法制，推销的手段是战争(包括经济战、文化战)，得到的结果却是战乱。可以这样讲，谁学习美国，谁乱在其中。不保持自己文化的传统性和连绵性，一味地向外学习一知半解的皮毛，解决不了自身的根本问题。中国近百年以来，开始学德、日，后来学英、法、美，后来又学德、意、苏、美。学了一个遍，却到处碰壁。而自己五千年的政治、文化、历史、社会治理方式却要急切地否定。文化是一个综合的概念，有地域性和传统性，不是说打倒就可以打倒的事。这就正如不让欧美人过圣诞节，可能吗？同样，不让中国人过春节，可能吗？让中国人用西方的餐具来吃中国的饭就显得很别扭。这就是文化的差异，传统和习惯的差异。

十七届六中全会的报告中写道：中国共产党自成立之日起，就既是中华优秀传统文化的忠实传承者和弘扬者，又是中国先进文化的积极倡导者和发展者。

“十八大”报告中写道：文化是民族的血脉，是人民的精神家园。全面建成小康社会，实现中华民族复兴，必须推动社会主义文化大发展大繁荣，兴起社会主义文化建设新高潮，提高国家文化软实力，发挥文化引领风尚，教育人民，服务社会，推动发展的作用。

同样，世界的文化发展趋势也为中华文化的自信增加了注解。美国耶鲁大学著名历史学家、社会学家沃勒斯坦讲道：创立资本主义不是一种荣耀，而是一种文化上的耻辱。资本主义是一剂危险的麻醉药，在整个历史上，大多数的文明，尤其是中国文明，一直在阻止资本主义的发展。而西方的基督教文明，在最为虚弱的时刻对它屈服了。我们从此都在承受资本主义带来的后果。美国今天治理的乱局已经证明了沃勒斯坦的结论，如危及全球经济的次贷危机、贫富差距加大、严重的种族歧视、毒品泛滥，更有文化冲突的加剧和恐怖势力的无孔不入，这使得人人没有安全感。

2014 年国家主席习近平在比利时布鲁日欧洲学院演讲时说：中国自 1911 年孙中山领导的辛亥革命推翻封建帝制后，“君主立宪制、复辟帝制、议会制、多党制、总统制都想过了、试过了，结果都行不通。最后，中国选择了社会主义道路”。

今天，面对文化多元、利益多元、价值多元的世界，如何更好地学习、沟通？用费孝通先生的话就是：只有当不同族群、民族、国家以及各种不同文明达到了某些新的共识，世界才可能出现一个相对安定祥和的局面，这是全球化进程中不可避免的一个挑战。这种共识是什么?只有中华传统文化与现代政治文明相结合，也只有中华传统文化具有这种胸怀。地球的资源终归有用尽的一天。西方工业文明的恶果今天已经呈现：雾霾、水污染、癌症、艾滋病等各种传染病，核扩散的威胁、武器的泛滥、化学制品的毒害、转基因的危害、城市病的普及、年轻人及时行乐的消费观念等等。这些，难道不应该引起我们的反思吗？

总之，民族复兴需要文化自信。文化自信是民族复兴的根基和渊源。历史已经证明而且还会证明：中华传统文化会为世界文化的前程指明一个前进的方向。其核心就是正心、修身、齐家、治国、平天下。这其中已经包含了人类群居社会所追求的真、善、美、爱，公平、公正、公开的理念。这是一个逐渐上升的理想大道，一步一步，稳健而且幸福。在这条道路上，实现自己和国家的理想最为务实，也最为安全！

核心价值观继承中华优秀传统文化

——论习近平总书记五四北大讲话

朱熹讲，先读《大学》定其规模。“大学之道，在明明德，在亲民，在止于至善。”这就是对规模的解释。次读《论语》，定其根本。宋朝宰相赵普曾说：半部论语治天下。再读《孟子》，观其发越。发越在此作何解释？孟子的答案是：我善养吾浩然之气。次读《中庸》，以求方法和智慧的微妙之处。中庸也就是中用，把自己的文化为人民服务所用，而不是为谋私利所用。用孟子的话

2014年的五四青年节，习近平总书记来到北京大学校园，参加同学们纪念五四的诗会并发表重要讲话。他强调，青年的价值取向决定了未来整个社会的价值取向，而青年又处在价值观形成和确立的时期，抓好这一时期的价值观养成十分重要。这就像穿衣服扣扣子一样，如果第一粒扣子扣错了，剩余的扣子都会扣错。人生的扣子从一开始就要扣好。

1919年的5月4号，北京大学有一群有为青年，为了救国家和民族于水火之中，愤怒地吼出“外争国权，内惩国贼”。这一吼，警醒国人，震惊世界。

95年以来，五四精神已经根植于年轻人心中。为了国家富强，为了民族不再受辱，95年以来，多少代青年为了这一梦想，抛头颅，洒鲜血，换来了今天的和平发展之路。为了实现国家富强，民族振兴，人民幸福的中国梦。在历史的长河中，这近百年经历了敢叫日月换天地的沧桑巨变。近百年以来，这种不畏艰难，

迎难而上，救民众于水火，造福于民的精神一脉相连，代代相传。

“吾道以一贯之。”这是中华优秀传统文化对人间正道的经典解读。五四运动时期形成的爱国、进步、民主、科学的五四精神，拉开了中国新民主主义革命的序幕，为中国共产党的建立奠定了理论和行动的基础。历史走到今天，党的十八大提出了“两个一百年”奋斗目标。纵观历史，我们比历史上任何时期都更接近实现中华民族伟大复兴的目标。而要实现中华民族复兴的伟大目标就需要社会主义核心价值观的引导与践行。社会主义核心价值观倡导富强、民主、文明、和谐是国家层面的价值要求，自由、平等、公正、法治是社会层面的价值要求，爱国、敬业、诚信、友善是公民层面的价值要求。这个概括，实际上回答了我们要建设什么样的国家、建设什么样的社会、培育什么样的公民的重大问题。在学习和工作中主动去分辨真与假，善与恶，美与丑，是与非。弘扬真善美，贬斥假恶丑。也符合传统文化强调的儒家八条目：格物、致知、诚意、正心、修身、齐家、治国、平天下。八条目已经明确地指出了一个想有所作为的青年应该走的路径。这实际上也是“天下兴亡，匹夫有责”的具体含义。正如十八大提出的我们努力办好人民满意的教育，把立德树人作为教育的根本任务。

核心价值观继承中华优秀传统文化是时代

就是：有大人之事和小人之事。大人之事为国家民族着想，小人之事为自己谋私利。青年的视野和格局就在此区别。

的使命，也是历史的责任和历史的感召！五千年的中华传统文化为我们的前进方向可以提供的智慧就太多了。汉唐盛世时的青年知识分子有一个朴实的理想：不使民间有疾苦，工作重心在农村。汉朝的青年淳朴厚重，唐朝的青年恢弘阔达。所以堪称盛世。宋朝大儒朱熹曾经讲到如何培养一代青年人才。朱熹讲，先读《大学》定其规模。“大学之道，在明明德，在亲民，在止于至善。”这就是对规模的解释。次读《论语》，定其根本。宋朝宰相赵普曾说：半部论语治天下。再读《孟子》，观其发越。发越在此作何解释？孟子的答案是：我善养吾浩然之气。次读《中庸》，以求方法和智慧的微妙之处。中庸也就是中用，把自己的文化为人民服务所用，而不是为谋私利所用。用孟子的话就是：有大人之事和小人之事。大人之事为国家民族着想，小人之事为自己谋私利。青年的视野和格局就在此区别。

从范仲淹以天下为己任的担当到王安石当世人不知我，后世人当谢我的牺牲精神。从司马光的《资治通鉴》到岳飞的《满江红》，

摄于浙江杭州岳飞庙。

从戚继光的抗倭到文天祥的《正气歌》，这些先贤，哪一个不是历史上的第一流人物？一代人有一代人的历史责任和担当。中华民族有这么多历史人物为国家的繁荣富强践行了时代的理想和历史的责任，我们的青年更应该践行核心价值观，珍惜今天，敬畏历史，展望未来。

有一个深刻的历史教训值得我们警醒：经历了276年的大明王朝在满清的铁蹄下轰然倒塌。明末三大儒顾炎武、黄宗羲、王夫之一致认为：明朝末年过分嘈杂的言论和多歧的思想应该为明代的灭亡负起主要责任。历史一再证明，一个良好的政权应当使社会文化始终在正统的轨道上运行。其次，文化由国家统一也符合历史上《周礼》的精神。由此可见，核心价值观继承了中华优秀的传统文化。我们应该深刻领悟，入脑入心，并辅之以践行，为实现中国梦助力。在社会转型时期，思想多元，网络微信等普及的自媒体时代，利益诉求纷杂的今天，弘扬核心价值观尤为重要。

就在几天前，11名不同高校的维吾尔族大学生就乌鲁木齐暴恐事件发出公开信："不能再沉默了，不会再沉默了！我们，并肩，向暴恐分子出拳！"。青年，就应该在大是大非面前敢于担当。同一天，上海两名年轻的消防员在救火时被气浪从13楼推出，手拉着手从高空坠落。他们的牺牲令人痛惜，但他们的行为将光辉永驻。这也验证了习总书记的殷切希望：当代大学生是可爱、可信、可贵、可为的。

从《贞观政要》解读贞观之治

贞观之治是唐太宗所创立的大唐王朝最辉煌时期。当时全世界很多国家都向中国臣服，于是尊唐太宗为“天可汗”，意为可汗的可汗。纵观历史，就是西方的罗马帝国、近代的大英帝国也比不上。为什么如此讲？道理很简单，罗马帝国和大英帝国是用兵征服世界，而唐太宗是用大唐的威信和威望征服世界。

群众路线教育活动中“照镜子、正衣冠”的典故出自唐朝吴兢的《贞观政要》一书。《贞观政要》一书一经问世，便成为历朝历代上至皇帝下到郡县各级官员必读的教科书。从唐朝一直到宋元明清，横跨一千多年历史而经久不衰，可见此书的重要。

《论语》说：文武之道未坠于地，在人，贤者识其大者，不贤者识其小者。此处的贤者指的是能引领一个时代走向文明昌盛、长治久安的历史性人物和时代的开创性人物。在经历了魏晋南北朝的黑暗时期和隋朝的短暂统一之后，终于迎来了繁荣昌盛的贞观之治。

贞观之治是唐太宗所创立的大唐王朝最辉煌时期。唐中宗时吴兢写了《贞观政要》一书，受到中国历代中央集权的统治者的特别推崇。元朝皇帝曾多次提起《贞观政要》一书，并宴请儒臣讲解书中内容。明朝规定，皇帝除三、六、九日上朝以外，每天中午都请儒臣讲授《贞观政要》。明宪宗亲自为《贞观政要》

作序，以示推崇。清朝康熙、乾隆皇帝都很熟悉《政要》内容，并且十分仰慕“贞观之治”。乾隆皇帝说：“余尝读其书，想其时，未尝不三复而叹曰：‘贞观之治盛矣！’”。唐以下至宋、元、明、清，历代皇帝和大臣都要读此书，都想知道唐太宗如何收拾一个旧山河，重建一个盛世王朝。

在中国历史上，唐太宗可谓千古一帝。当时全世界很多国家都向中国臣服，于是尊唐太宗为“天可汗”，意为可汗的可汗。纵观历史，就是西方的罗马帝国、近代的大英帝国也比不上。为什么如此讲？道理很简单，罗马帝国和大英帝国是用兵征服世界，而唐太宗是用大唐的威信和威望征服世界。我们知道，要收服天下，靠武力不是长久之计，最终还是靠文治。所谓文治武功，就是这个意思吧。

《贞观政要》第一卷为《君道》和《政体》。这两篇文章讲如何做好皇帝。政治就是正确的治理。第二卷三篇文章《任贤》《求谏》《纳谏》。这一点和杜佑写的历史名著《通典》不谋而合。杜佑的历史名著《通典》第二部分就是选举。我国历史上在唐朝以前就已经实行选举制度，唐朝的选举是选贤与能。至于现在西方的国家肆意抹黑我们的选举制度，那是他们一知半解，根本不懂我们的历史。加之我们现在好多青年不认真学历史，让一知半解的人解读历史，就会走上一条错误的理解道路。由此可见，历史教育任重而道远。至于纳谏，历史上的好皇帝都知道如何求谏和纳谏。唐太宗的伟大之处就是善于纳谏。

第三卷《君臣鉴戒》《择官》《封建》。第四卷讲的是如何教育太子、尊敬师傅、规谏太子。第五卷讲的是仁义、忠义、孝友、公平、诚信。第六卷讲的是俭约、谦让、仁恻、慎所好、杜谗邪、悔过、奢纵、贪鄙。卷七讲的是崇儒学、文史、礼乐。卷八讲的是务农、刑法，赦令、贡赋、辩兴亡。卷九讲的是征伐、安边。卷十讲的是行幸、畋猎、灾祥、慎终。

我们看一下这些题目，好多都是讲个人道德和修养的，比如如何勤俭节约，如何谦和礼让，如何尊师重教，如何尊老爱幼，如何诚信友善、公平正义，实际上就是如何做人。学习《贞观政要》一书，我们也可以洞察唐太宗如何造就贞观之治，学学贞观之治的政治理想。这才是最为关键的地方。一部《贞观政要》，其实只是教我们学会如何做大人之事和小人之事，可正是这些大人之事和小人之事构成了现实的历史。

《论语》中说：殷因于夏礼，所损益可知也。周因于殷礼，所损益可知也。意思就是商代的制度是从夏朝继承的，择其善者而从之，其不善者而改之。周代的制度又是跟着商代而来，好的地方继承，不好的地方规避。所以，任何政治制度必须有它的历史根据和背景，不是凭空想象而建立的。所以孔子讲：从此以下，虽百世可知。传统文化要求一个新王朝的建立者必须要有一个新制度，要有一套新规矩，以达到长治久安，变衰世乱世为治世盛世。所以要求学术必须“通经致用”。比如唐朝初年的田赋制度、租庸调制度、府兵制等等，都是沿袭北周的制度，在此基础上创造出了一个贞观之治。这些历史案例，难道不值得我们学习吗？从《贞观政要》解读贞观之治，正验证了一句名言：自天子以至庶人，壹是皆以修身为本。

《贞观政要》写于开元和天宝之际，当时社会仍然是一副盛世王朝的景象。但是，藩镇军阀势力的扩充等社会危机已经初露端倪，让吴兢敏感地觉察到衰败的征兆。为了大唐王朝的长治久安，吴兢深感有必要总结唐太宗时代君臣相得、励精图治的成功经验。此书正是在这样的历史背景下写成的，甫一问世便朝野震惊，以其具有治国安民的重大参考价值成为朝野上下人人必读的传世经典。

文武不分途

明太祖朱元璋起于草莽，放过牛，要过饭，当过和尚，后从军起义，扫除元孽，在乱世中开辟了大明王朝的天下，文治武功可谓双全。他建立明朝之时，百官请立武学。明太祖曰："文武不分途。"这句话说准了中国历史上的文武关系。文武不分途，意思就是要求官员要文韬武略，文通武达，文武双全。

开国领袖毛泽东曾说过：一个好的军事家，未必是一个好的政治家；一个好的政治家，却必定是一个好的军事家。这强调的是政治和军事融会贯通的重要性。这方面的历史案例就多不胜数。

汉朝时期，萧何向刘邦推荐韩信时，曾经称赞韩信的水平"国士无双"。韩信拥有重兵独立一方时，也发誓绝不背叛汉王刘邦。而韩信这样的人才当年在项羽手下时，却只是"臣事项王，官不过郎中，位不过执戟"。项羽只有匹夫之勇，不学经书，没有远大的政治谋略，结果败在刘邦手下，可见失败是必然的事。

东汉时，班超投笔从戎，后担任出使西域三十六国的重任。他不辱使命，"不入虎穴，焉得虎子"，为西域的回归和民族的融合做出了巨大的历史贡献。班超之所以建功立业、名垂青史，不全是因为英勇善战，也由于他曾经在郡县历练吏事，熟悉人情，知道如何因时制宜、因地制宜、因人制宜。能够权衡轻重，审察事理，懂人情世故，文武双全，才是可以委以重任的人。

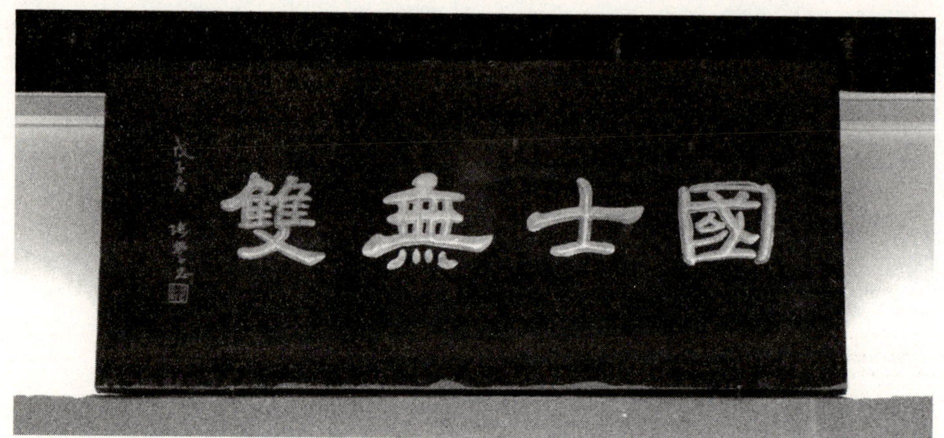

摄于陕西汉中拜将坛。

西汉汉景帝时重用名将周亚夫征讨七国之乱。据《史记》记载，当周亚夫带着部队到洛阳后拜见剧孟时说了一句名言：吴、楚举大事而不用剧孟，吾知其无能为已，天下骚动，大将军得之若一敌国云。意思是吴楚联军反叛朝廷，有一人才剧孟而不知道重用，今天我重用剧孟，吴楚举大事不求助剧孟，可见他们成不了大事。三个月内，叛乱平定下来。天下骚动，周亚夫得到剧孟就如同得到一个国家，可见剧孟的势力之大，对当时形势的发展有举足轻重的作用。剧孟的事迹虽流传不多，司马迁还是郑重地为剧孟立了传。后来的李白在《梁甫吟》有“吴楚弄兵无剧孟”一句，也是讥讽吴楚只知道匹夫之勇。此案例也是指吴楚联军不懂政治，结果兵败。

东汉时，班超投笔从戎，后担任出使西域三十六国的重任。他不辱使命，“不入虎穴，焉得虎子”，为西域的回归和民族的融合做出了巨大的历史贡献。班超之所以建功立业、名垂青史，不全是因为英勇善战，也由于他曾经在郡县历练吏事，熟悉人情，知道如何因时制宜、因地制宜、因人制宜。能够权衡轻重，审察事理，懂人情世故，文武双全，才是可以委以重任的人。

在我国传统历史中的每一个朝代都会有一批文韬武略，文武双全的统帅。他们拨乱世，开太平。比如大唐“房谋杜断”的房玄龄、杜如晦，比如宋朝的武圣人岳飞，比如三国时的千古名相诸葛亮……这难道不是我们每个人都应该认真学习的典范和楷模吗？古人语：文史不分家，文武不分途。其实现代社会也该如此，除了自身所学的专业之外，政治、经济、文化、军事、外交等都应该有所涉猎。现在，新一届中央领导集体号召继承优秀传统文化，大力推动中华文化走向世界正逢其时。如果我们都能做到文武不分途，相信我们会更早实现中国梦，实现中华民族的伟大复兴。

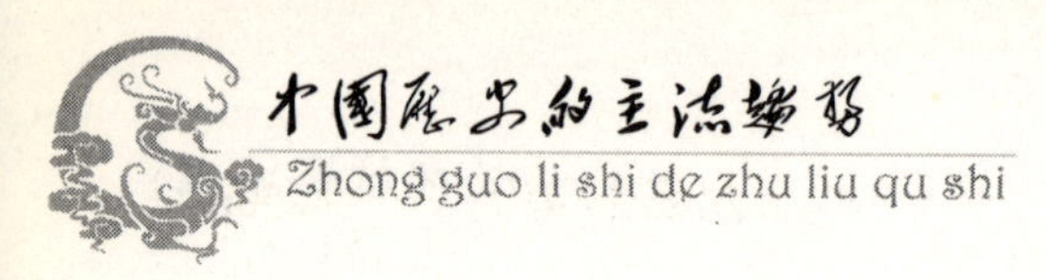

士阶层的楷模——范仲淹

千古名相范仲淹年轻时就胸怀大志。当年宋真宗驾临应天府，满城人都去目睹皇帝的威严，范仲淹却在安心读书。别人好奇地问他为何不去，范仲淹回答道：来日朝堂相见，不为晚矣。果然，第二年他就中了进士。

中国传统社会称为四民社会——士、农、工、商。什么是士？孔子在《论语·子路》中说：“行己有耻，使于四方不辱君命，可谓士矣。”

士阶层在中国历史中占有相当重要的地位。孔子的学生曾子说过：士不可以不弘毅，任重而道远。孟子讲：有一乡之士，有一国之士，有天下之士。由此可见，士阶层实际上就是读书人，也就是所谓的士君子和士大夫。中国传统政治是文治政府，文治政府自然就要重用读书人。读书人参与政治治理就演变成各级官员。曾子给士阶层定位要自强和弘毅，自强和弘毅已经成为士阶层的一种精神感召。比如成语中就有“士可杀不可辱”“士为知己者死”等。

千古名相范仲淹年轻时就胸怀大志。当年宋真宗驾临应天府，满城人都去目睹皇帝的威严，范仲淹却在安心读书。别人好奇地问他为何不去，范仲淹回答道：来日朝堂相见，不为晚矣。果然，第二年他就中了进士。

宋仁宗时期，辽和西夏交相侵略北宋，大

宋王朝财政到了崩溃的边缘。宋仁宗起用范仲淹进行改革，范仲淹、韩琦和富弼等提出历史上著名的十事疏，具体内容如下：

（一）明黜陟。即严明官吏升降制度。在当时，官员升降不看政绩好坏，只以资历为准。所有官员不求有功，但求无过，坐等提拔，无所作为。范仲淹提出考核政绩，破格提拔有大功劳和明显政绩的，撤换有罪和不称职的官员。

（二）抑侥幸。即限制侥幸做官和升官的途径。当时，大官每年都要自荐其子弟在京城当官，一个学士以上的官员，经过20年，一家兄弟子孙出任京官的就有20人。这些纨绔子弟多不干正事，只知相互包庇，结党营私。为了国家政治的清明和减少财政开支考虑，应该限制大官的恩荫特权，防止他们的子弟充任馆阁要职。

（三）精贡举。即严密贡举制度。为了培养有真才有实学的人，应该改革科举考试内容，把原来进士科只注重诗赋改为重策论，把明经科要求死背儒家经书的地方改为要求阐述经书的意义和道理。只有这样才能考出有真才实学的学士。

（四）择长官。针对当时分布在州县两级官不称职者十居八九的状况，范仲淹建议朝廷派出得力的人往各路检查地方政绩，奖励好官吏，罢免不作为的平庸官；选派地方官要通过认真推荐和审查，以防止冗滥。

（五）均公田。公田，即职田，是北宋地方官的定额收入之一，但分配往往高低不均。范仲淹认为，供给不均，怎能要求官员尽职办事呢？他建议朝廷均衡一下他们的职田收入；没有发给职田的，按等级发给他们，使他们有足够的收入养活自己。然后，便可以督责他们廉节为政；对那些违法的人，一定要予以惩办或撤职。

（六）厚农桑。即重视农桑等生产事业。范仲淹建议朝廷降下诏令，要求各级政府和人民兴修水利，重视农利，并制定一套奖励人民、考核官员的制度长期实行。

（七）修武备。主张恢复府兵制。

（八）推恩信。即广泛落实朝廷的惠政和信义。用现在的话说就是保证政令畅通。

（九）重命令。即要严肃对待和慎重发布朝廷号令。范仲淹认为，法度是要示信于民，如今却颁行不久便随即更改，为此朝廷必须明确哪些可以是长久推行的条令，哪些是应该删去的繁杂冗赘的条款，裁定为皇帝制命和国家法令，颁布下去。

（十）减徭役。主张省并户口稀少的县邑，以减其地人民的傜役。

这就是历史上有名的“庆历新政”。但是，改革不到一年，就遭到了大宋各级官僚的反对，因为这场改革直接触犯了封建腐朽势力的利益，限制了他们的特权。天下之大，有多少读书人会像范仲淹一样以天下为己任，先天下之忧而忧？宋仁宗心里明白谁对谁错，却没有办法，只好废止新政。范仲淹、韩琦、富弼、欧阳修等人也相继被排斥出朝廷。

范仲淹一生做了不少大事。他在苏州创立义庄制度，此制度在同氏族中对孤儿寡妇之养与教，都由义庄公田负责。义庄制度开始推行于范、朱两姓，后推行于全国。历经宋、元、明、清四代而益

摄于湖南岳麓书院。

岳麓书院为中国四大书院之一。

盛。在义庄的基础上发展而成同乡会馆。

范仲淹也是一位大教育家，支持胡瑗办学，宋朝的四大书院培养了历史上多少名士和才子。宋明理学就是在书院环境的格局和视野中形成的。胡瑗、孙复、石介、周敦颐、张载、邵雍、二程、朱熹、吕祖谦、陆九渊、王阳明等等，哪一个不是、开一代先河的大师级人物？真是让后人羡慕不已。

孔子给士阶层的定位是；士志于道。孟子的定位是：士尚志。实际上就是要求作为士阶层要修身齐家治国平天下。孔圣人又曰：士志于道，而耻恶衣恶食者，未足与议也。

范仲淹以一介书生参政践行修齐治平，皆有所成，样样光辉。

今天，我们到范仲淹祠堂去瞻仰这位名相，“第一流人物”的牌匾高悬于堂，食庙于大江南北，这不就是一种精神的感召吗！

搭建沟通的文化桥梁

在对外交流中，我们要保持对自身文化的自信、定力，秉持包容、开放的精神，让文化成为中国外交的鲜明特色和巨大软实力。

在联合国教科文组织总部提出“文明交流互鉴”，在法国纵论中华文化与法兰西文化，在德国强调中华民族热爱和平的文化传统……为期10余天的欧洲之行，习近平主席多次阐述文化，展示了东方大国的文化底蕴，也传递了当代中国的文化价值观。

国之交在于民相亲，而文化最能沟通心灵、春风化雨。在世界多极化、经济全球化、文化多样化、国际关系民主化的时代背景下，我们既要介绍中国的经济社会发展，也要介绍中国的优秀文化。唯其如此，才能让世界认识到中国经济奇迹背后的文化基因；才能让别的国家真正理解，为什么中国要走和平发展道路。

古人说过，“万物并育而不相害，道并行而不相悖。”文明因交流而多彩，文明因互鉴而丰富。文明交流互鉴，是推动人类文明进步和世界和平发展的重要动力。在对外交流中，一方面，我们要保持对自身文化的自信、定力，秉持包容、开放的精神，让文化成为中国外交的鲜明特色和巨大软实力；另一方面，也要意识到，我们每个人都是一册“中国读本”，每个人都是一个文化使者，有了这样的文化自觉和文化担当，才能更好地搭建起沟通心灵的文化桥梁。